无人机在现代农业中的应用

主　审　陈　章　李炯光

主　编　黄　滔　赵　伟　徐明灿

副主编　郎　朗　冉　涌　姜　妮

　　　　黄佐菊　叶　琴

合肥工业大学出版社

无人机在现代农业中的应用

图书在版编目(CIP)数据

无人机在现代农业中的应用/黄滔，赵伟，徐明灿主编.—合肥：合肥工业大学出版社，2022.6（2025.10重印）

ISBN 978－7－5650－5389－4

Ⅰ.①无… Ⅱ.①黄…②赵…③徐… Ⅲ.①无人驾驶飞机—应用—现代农业—研究 Ⅳ.①F303.3

中国版本图书馆CIP数据核字（2021）第146370号

无人机在现代农业中的应用

黄 滔 赵 伟 徐明灿 主编　　责任编辑 毛 羽

出 版	合肥工业大学出版社	版 次	2022年6月第1版
地 址	合肥市屯溪路193号	印 次	2025年10月第2次印刷
邮 编	230009	开 本	787毫米×1092毫米 1/16
电 话	基础与职业教育出版中心：0551－62903120	印 张	8.25
	营销与储运管理中心：0551－62903198	字 数	150千字
网 址	www.hfutpress.com.cn	印 刷	安徽联众印刷有限公司
E-mail	hfutpress@163.com	发 行	全国新华书店

ISBN 978－7－5650－5389－4　　定价：32.00元

如果有影响阅读的印装质量问题，请与出版社营销与储运管理中心联系调换。

编委会

主　编　黄　滔（重庆三峡职业学院）

　　　　赵　伟（重庆三峡职业学院）

　　　　徐明灿（重庆三峡职业学院）

副主编　郎　朗（重庆三峡职业学院）

　　　　冉　涌（重庆三峡职业学院）

　　　　姜　妮（重庆三峡职业学院）

　　　　黄佐菊（重庆三峡职业学院）

　　　　叶　琴（重庆三峡职业学院）

参　编　谭　燕（重庆三峡职业学院）

　　　　杨德君（重庆三峡职业学院）

　　　　莫才旭（重庆三峡职业学院）

无人机在现代农业中的应用

前言

本书系重庆三峡职业学院乡村振兴实用技术培训教材之一，均为我校教师在教学和科研中总结的技术技能积累与社会服务项目建设内容。教材编写组调研了重庆及三峡库区现代农业的发展现状，发现重庆耕地多以丘陵山地为主，地势复杂，人均耕地面积小，因此在农业生产中运用无人机技术，将会加快现代农业的发展。

山区农田荒置，加上农村人口老年化问题突出，现代化、集成化农业急需大量的新型农民。他们需要尽快学习无人机技术，并将其应用到现代农业生产中。

本书内容系统、全面，表述深入浅出，实现了理论方法、技术应用和管理培训的统一，使读者对无人机在现代农业中的应用有了全面、系统、深入的了解和认识。

由于编者水平有限，书中难免有疏漏和不足，恳请各位专家和读者不吝赐教。

编　者

无人机在现代农业中的应用

目录

第1章　无人机概述

1.1　无人机的定义

无人机是无人驾驶飞机的简称（Unmanned Aerial Vehicle，UAV），是利用无线电遥控设备和自备的程序控制装置操纵的不载人飞机，包括无人直升机、固定翼无人机、多旋翼无人机、无人飞艇、无人伞翼机等。广义地看，也包括临近空间飞行器（20～100 km空域），如平流层飞艇、高空气球、太阳能无人机等。无人机可以在无人驾驶的条件下完成复杂的空中飞行任务和各种负载任务，可以被看作是“空中机器人”。

无人机的主要优点为：飞机上不需要飞行人员，可避免牺牲空勤人员，最大可能地保障了人的生命安全；尺寸相对较小，设计时不受驾驶员生理条件限制，可以承担较大的工作强度，不需要人员生存保障系统和应急救生系统等，大大地减轻了飞机的重量；制造成本相对较低，没有昂贵的训练费用和维护费用，机体使用寿命长，检修和维护简单；对起降场地的条件要求不高；可以通过无线电遥控或通过机载计算机实现远程遥控。

无人机根据技术角度可以分为无人直升机、固定翼无人机、多旋翼无人机、无人飞艇、无人伞翼机等，其中在遥感测绘领域内应用最广的是无人直升机、固定翼无人机和多旋翼无人机；根据应用角度可以分为军用、民用和军民两用无人机。无人机以其生存率高、机载配置多样化、滞空时间长、操作灵活、经济实用、训练维修成本低、搭载平台性能不受人类生理条件限制等优点，在遥感测绘等领域得到了成功的运用，并受到人们青睐。无人机与卫星相比，具有分辨率高、预警时间短、制造成本低等优势；而相对于有人驾驶飞机，则具有设计灵活、体积小、重量轻、续航时间长、空中利用率高、载荷能力强、安全系数高、自主控制能力强等优点。此外，无人机造价低廉、容易操控，使用成本仅为有人驾驶飞机的10%，甚至更低。

1.2 无人机的应用领域

当前，国内外无人机相关技术发展迅速，无人机种类繁多、应用领域十分广泛。不同的无人机，在尺寸、质量、航程、飞行高度、飞行速度等方面都各有不同。按用途分类，无人机可以分为军用无人机和民用无人机。军用无人机按照用途又可以划分为侦察无人机、电子对抗无人机、无人战斗机等，而民用无人机可以划分为巡查无人机、农用无人机、气象无人机等。

无人机广泛应用于国民生产的各行各业，通过借助无人机内部装载的高分辨率CCD相机、红外摄像机、多光谱相机和气体探测仪等多种传感器系统获取遥感数据，在空中和地面控制系统的综合操纵下，实现影像的自动拍摄和获取。与此同时，对无人机的航行轨迹进行实时的规划和监控，并实现信息数据的压缩、自动传输，以及影像预处理等功能。

无人机广泛应用于军事，也可以应用于民用工程和科学研究。在民用工程中，无人飞行器已经和即将使用的领域有40多个，例如影视航拍、农业植保、海上监视与救援、环境保护、电力巡线、渔业监管、消防救援、城市规划与管理、气象探测、交通监管、地图测绘、国土监察等。

1.2.1 无人机航拍

在一些大型活动中，往往需要通过俯视视角，来增加镜头的表现力和一定高度的视觉体验，给人以美好的感受，这就需要用到无人机。无人机可以进行大范围、多角度拍摄，其拍摄的画面具有独特的视角和美感。无人机航拍常采用多旋翼无人机，它操作方便，可以在空中悬停，起降不受场地限制，转场非常容易。

无人机航拍常用于以下方面。

（1）拍摄景观：很多景观的效果需要俯瞰视角才能展示出来，所以用无人机拍摄景观是其最基本的功能应用。在无人机上安置拍摄器材，这样拍出的画面具有独特的艺术特色。

（2）拍摄电视剧：电视剧里面常常会有一些恢宏的场景，地面拍摄是不能全面展示其效果的，所以在电视剧中越来越多地使用无人机航拍。

（3）监控交通：随着各城市汽车保有量的不断攀升，道路的拥堵情况日益加剧，如何选择一条畅通无阻的行驶路线是人们每次出行十分关心的问题。安装了数码相机的无人机，通过不停围绕城市上空飞行，随时监控道路实况，发现拥堵路段及出现交通事故的路段，及时将实况发回指挥中心，可用来提醒人们避开这些路段。这样既解决了大家出行的烦恼，又可以避免更进一步的拥堵。

（4）环保监测：环境问题一直是人类非常关心的。我国幅员辽阔，监测起来非常困难。现今，随着无人机技术的发展，人们可以利用它进行环境监测、环境执法和环境治理，效果非常好。

（5）农业监测：主要涉及种植面积的测量、农作物病虫害的监测等方面。无人机可以通过携带数码相机、光谱分析仪、远红外线传感器等装置，来完成人类很难胜任的工作。

（6）抢险救灾：很多自然灾害对人类危害极大，如水灾、飓风、海啸、地震等，需要及时启动应急预案，展开救援工作，进行人员伤亡统计、财产损失评估等。2008年，汶川地震造成的惨况依然历历在目。当时因为道路、通信、电力全部中断，人们不能迅速掌握震中的情况。现在，无人机能够在灾难发生后第一时间进入灾区，进行灾区灾情的实时三维拍摄，将灾区情况及时传送出来，方便组织救援。无人机代替救援人员迅速进入危险区域，既保证了救援人员安全，又保证了拍摄质量，是一种廉价又高效的方式。同时，通过给无人机配备红外摄像机等设备，还可以及时进行搜索、救援任务。它们能够在短时间内飞越广阔的灾区，在精准导航搜索模式下找到失踪的人，让无数命悬一线的人员重获新生。

1.2.2　无人机物流

无人机物流指通过无线电遥控和自动控制装置，操纵无人机由供应地飞向接收地，从而将快递包裹运送到客户手中的一种新型物流方式。尤其是在一些偏远地区或者是紧急件的派送，无人机的优势更加明显。作为物流配送“黑科技”，无人机无疑是解决“最后一公里”配送效率问题的利器。与人力配送相比，无人机具有智能化、信息化、无人化的特点，配送效率高，深受快递、电商等企业的关注。

作为物流业的新业态，无人机技术的发展也成为政府关注的重点，工业和信息化部于2017年联合国家有关部门发布了《无人驾驶航空器系统标准体系建设指南（2017—2018

年版）》。同时，民航局制定了无人机运行的相关政策与标准，对驾驶员从业条件和无人机运行标准等作出了明确规定。

随着无人机从事经营性活动的发展，越来越多的企业开始申请使用无人机开展物流配送业务。2017年2月，京东与陕西省达成合作，并于当年5月宣布在西安国家级民用航天产业基地建立京东全球无人系统产业中心。京东无人配送业务开始以西安为中心，向全国其他城市推进。京东目前的无人机，载重在10～20 kg，飞行时长为40 min左右，飞行距离为20 km，主要解决了最后几千米的配送任务。如图1–1所示的这款京东Y–3无人机，载重为10 kg，飞行距离为20 km。2018年3月，顺丰取得了国内首张无人机航空运营（试点）许可证，开始在江西赣州试点区域开展无人机物流配送业务。

图1–1　京东Y–3无人机

无论是顺丰、京东这些“电商派”无人机物流领域领军者，还是迅蚁这样的后起之秀，都无一例外选择在农村开展无人机物流试点。之所以选择偏远山区和农村，主要是因为城市内物流要求较高，而农村的空域划设相对简单、通信及电磁环境较好、安全成本相对较低，能充分发挥无人机运输的优势。对城市内的无人机物流发展而言，空域批文依然是商业化发展难以逾越的鸿沟。虽然城市无人机物流的价值远高于农村，整体市场空间也大于农村，但解决空域、航线以及无人机安全性等问题的难度也大出一个量级。不少业内人士认为，建立城市空中立体交通（UAM）的需求日益迫切。UAM可以保障民用无人机保持低空飞行，为驾驶员提供所需信息，以保障其远离客机及特定的航线，并能考虑到限制空域和恶劣的天气条件。

随着无人机安全性与智能化水平的不断提高，以及更加智慧高效的城市空中立体交通体系的构建，无人机将拥有更强的自主决策能力、感知与避让能力、抗干扰能力，无人机物流在高楼耸立、人流密集的大城市里运行将不再是幻想。

1.2.3 无人机线路巡检

输电线路和附属设施的良好运行状态，是保证电力输送的前提。如何能够及时发现和排除异常和缺陷，预防事故发生，确保线路安全运行是关键问题。传统的人工巡查方式费时费力，还非常危险。现在采用无人机进行线路巡视，可以不受线路高度、区域复杂等条件的限制，特别适合于高度非常高、跨距非常大的线路巡视；同时，具有巡视灵活、拍照方便、角度全面等优点，能有效弥补人工巡检的不足，因此受到了广泛使用（图1–2）。无人机线路巡检工作主要包括以下几个方面。

（1）精细化巡检：无人机对输配电线路和路塔杆上的零部件进行近距离拍摄，生成缺陷报告，提交相关部门，确保电网正常运行。

（2）夜间巡检：在线路负荷较大、空气较潮湿且无月光的夜晚进行夜间巡检，以便发现在白天巡检中不能发现的缺陷，如电晕、局部火花放电、导线的接触部分烧红等现象。

（3）架空线路异物清除：如果输电线上缠绕异物，会使高压电的极限放电距离缩短，引起跳闸等故障，影响线路安全运行。在无人机上搭载火焰喷射器，还可以安全高效地清除线路异物。

图1–2 无人机线路巡检

（4）起重导引无人机：传统的架空线路搭设，常需要人工携带重物上塔搭设，费时费力还不安全。采用起重导引无人机，作业人员只需要在无人机上挂好引导线后进行引导作业即可，排除了不安全因素，且方便快捷。

（5）无人机清除树障：输电线路周围的树木，往往会引起跳闸、漏电等故障，影响线路的正常运行。使用无人机进行药物喷洒，抑制线路两边的树木生长，避免树障产生。

1.2.4 无人机植保

利用无人机进行农药喷洒、施肥、播种、授粉等作业，是无人机植保的主要内容（图1–3）。农业生产中，打农药、撒化肥既辛苦又易中毒。现今，随着无人机技术的发展，新一代的农民可以轻松完成这些农活。我国作为农业大国，需要进行大量的植保作业。无人机植保的发展速度非常迅猛，相信在不远的将来，无人机植保会在液态化学农药、生长调节剂的喷洒，化肥和种子的播撒等方面发挥重要作用。

图1–3 植保无人机正在进行农药喷洒

1.3 植保无人机的发展现状及应用前景

随着我国农业机械化的快速发展，植保无人机“崭露头角”，发展势头迅猛。近几年，植保无人机企业如雨后春笋般冒出，纷纷抢占市场（图1–4）。以下对植保无人机发展现状及应用前景进行分析。

图1-4　植保无人机应用前景广阔

1.3.1　国外植保无人机发展现状

世界上最早使用农用无人机的国家是日本。日本也是目前世界上使用植保无人机进行飞防作业最成熟的国家。因为日本人多地少，所以其当前的主要施药方式是小型机动喷雾和直升机航空喷雾。目前，日本有近3000架植保无人机和14000多名“飞手”广泛服务在农业生产中，航空作业面积占总耕地面积的54%。据统计，日本应用植保无人机进行病虫害防治的水稻种植面积占水稻种植总面积的45%，无人机的应用程度较高。日本的航空植保操作规范完善，且专用航空药剂较多，仅无人机水稻施药专用登记农药就有133种。

美国是世界头号强国，也是世界上农用航空技术及应用较发达的国家。1949年，美国开始研制专门用于农业的植保无人机。据统计，目前美国农业航空对农业的直接贡献率超过15%，水稻施药作业更是100%采用农用航空作业方式。此前，美国因农业劳动人工成本太高一度放弃国内的水稻种植，大米全部依靠进口。自从使用农用航空作业后，直至20世纪70年代末，美国已成为全球最主要的稻米出口国之一。

韩国耕地面积占国土面积的20.45%，农业人口数占全国总人口数的10.9%，农业发展模式以家庭农业为主。到2010年底，韩国的农用无人机数量达131架；截至2013年底，植保无人机数量升至500架。在人均耕地面积较少的背景下，将植保无人机应用于农业生产，正逐渐被韩国越来越多的农户认可并采纳。

1.3.2　我国植保无人机发展现状

我国拥有全球7%的耕地，但化肥农药的使用量却是全球用量的35%，农药利用率只有36%左右。发达国家的农业，航空植保的面积占比均较高，世界平均水平为17%，最高的日本已经达到60%，而我国只有2%。植保无人机服务农业在日本、美国等发达国家得到了快速发展。1990年，日本山叶公司率先推出世界上第一架无人机，主要用于农药的喷洒。

我国南方首先将植保无人机应用于水稻种植区的农药喷洒。2016年，植保无人机逐渐成为行业新宠，各地陆续出现无人机用于植保的案例。据农业农村部最新统计，截至2016年6月5日，我国生产专业级无人机的公司有300多家，其中植保无人机生产厂家有200多家，生产各类植保无人机共178个品种，保有量超过5000架。

无人驾驶小型直升机具有作业高度低、飘移少、可空中悬停、无须专用起降机场等特点。其旋翼产生的向下气流有助于增加雾流对作物的穿透性，防治效果高；可远距离遥控操作，避免喷洒作业人员接触农药，提高了喷洒作业安全性等诸多优点。另外，无人直升机采用喷雾喷洒方式，至少可节约50%的农药使用量，节约90%的用水量，这将很大程度地降低资源成本。用无人机喷洒的方式大大减少了人员聚集带来的接触风险。电动无人机与油动的相比，具有整体尺寸小、重量轻、折旧率更低、单位作业人工成本不高、易保养等优点。

做植保飞防服务的人员除学会操作植保无人机以外，还需要掌握相应的农业、农药和植保知识，比如，不同的作物需要不同的药液施用量、有不同浓度的配比要求，以及对机器性能精确度的要求。

1.3.3 植保无人机应用前景

随着科技发展，传统型农业生产模式逐步被机械化、信息化的方式所替代。采用无人机进行低空作业，具有使用灵活、体积小、成本低等特点，能够大幅提升农林植保飞行作业的效率和精准度。据了解，目前国内农业用途的无人轻小型飞机处于研究和初步试用阶段，我国农业航空技术总体还处在起步阶段。

植保无人机是一种低成本的空中数据采集和处理平台，可以很方便地获取四种类型的农业生产详细信息。第一，空中观察作物。帮助农民发现灌溉、土壤等问题。第二，空中采集相片。相机和热像仪既可以采集到普通的视觉光谱照片，也可以拍摄红外线照片，帮助农民及早发现作物病虫害问题等。第三，随时作业。无人机每周、每天甚至每小时都可以作业，可以提供按时间排序的动画，演示作物的生长变化过程。第四，提供农业地块的正射影像图、数字线划图、权属界线图，调查每块承包经营土地的面积、位置、形状、权属和空间分布等情况。

1.3.4 植保无人机需解决的问题

1. 起步较晚，技术短缺

由于我国植保无人机技术发展起步晚，尚不成熟，还存在明显短板。就目前而言，一方面，植保无人机起降次数多、续航时间短，同时低空低速飞行的稳定性也有待提高；另一方面，由于植保无人机的喷洒技术尚未成熟，缺少应对不同作业条件的作业规范和精准施药控制系统，容易发生农药漂移等现象。因此，加大农用植保无人机科研力度，研发高自动化水平、智能变量作业的专用机型、飞控系统及低空遥感设备等是目前技术层面需要解决的问题。

2. 植保无人机操作缺乏专业人士

笔者从不少农业栏目频道对植保无人机的报道中了解到，其需要专业技术人员的操作，但是市场上符合标准的植保无人机操作人员却是极其缺乏的。目前，各大高校、技校还没有专门针对这一方面培养专业的市场对接人才，在职的多为无人机爱好者，整体上这种“供不应求”的人才储备状态也影响了植保无人机的推广。

3. 土地分散，传统农业模式仍然是农业主力军

目前，我国仍然处于土地分散种植的传统农业模式下，种植户多为普通农民或者承包少量土地的经营者，其经营的土地面积较小，对于植保无人机的需求自然不会很强烈，他们多数认为植保无人机只是个“中看不中用的奢侈品”。因此，在土地集约化、适度规模经营没有发展起来之前，植保无人机很难进一步扩大其市场规模。

4. 植保无人机价格于农户而言过高

一台农用无人机动辄上万元，对于目前从事农业生产活动的主力军——普通农民来说，成本价格较高。

我国是个农业大国，在当今经济全球化的形势下，国人必须致力于高科技农业，扬长避短，大力发展智力农业、精细农业、信息农业、生态农业等，从而使我国农业尽快走上现代化的道路。世界各国对植保无人机应用程度有所不同，但总体而言，农业航空技术是国家农业生产的重要组成部分，在农业生产中的应用比重会不断加大。虽然未来市场竞争日益加剧，但植保无人机的市场越来越大是不可否认的事实。

综上所述，随着国家对农用无人机监管、研发、推广及财政补贴力度的加大，相信我国的植保无人机质量会越来越好，越来越受到广大农民的欢迎。背靠我国广阔的农业市场，我国植保无人机一定会成为未来农业的“新兴贵族”，给农业带来翻天覆地的变化。

第2章　无人机技术基础

1913年，自从出现了第一个自动驾驶仪（无人驾驶机前身）后，世界上越来越多的国家对无人机越发看重，尤其是在大国眼中，将其视为可以改变战争格局的武器。目前，有中国、德国、美国、日本、澳大利亚和加拿大等在内的近30个国家正在或即将开展关于无人机领域的研究，无人机的种类已经从最开始的寥寥无几到现在的3000多种，在全世界范围内已掀起了无人机的研制热潮。单就美国而言，到2007年用于无人机的科研经费已达到28亿美元。这场研究热潮将无人机技术的发展推向了新阶段。

随着互联网的发展和“万物互联”时代的到来，近几年利用现代通信技术以及计算机网络技术，科研人员对农情信息进行收集、分析、监视，预测农作物长势，产量估计，种植风险评估等环节进行了一系列研究，并且取得了一定的成就。例如，美国农业部所建立的农情监测系统，充分利用了现代无线遥感技术，旨在监测农业生产的全过程，帮助农场主制订合适的农业生产计划，提高农业生产效率。同时，该监测系统还可以监测全球各地农作物的长势、判断和估计各类农产品的产量，对国际农产品市场具有重大意义。

2.1　无人机的基本组成

无人机的结构系统主要由五个部分组成：无人机机身、无人机飞行控制系统、无人机通信系统、无人机发射系统、无人机回收系统（图2–1）。

由于无人机的起降方式不同，有些种类的无人机并没有单独的发射系统和回收系统，而是采用了与其他系统合并的形式。无人机的飞行控制系统几乎决定了它们的性能，这些性能包括各种飞行性能（包括起飞性能、着陆性能、高低空作业性能和稳定飞行性能

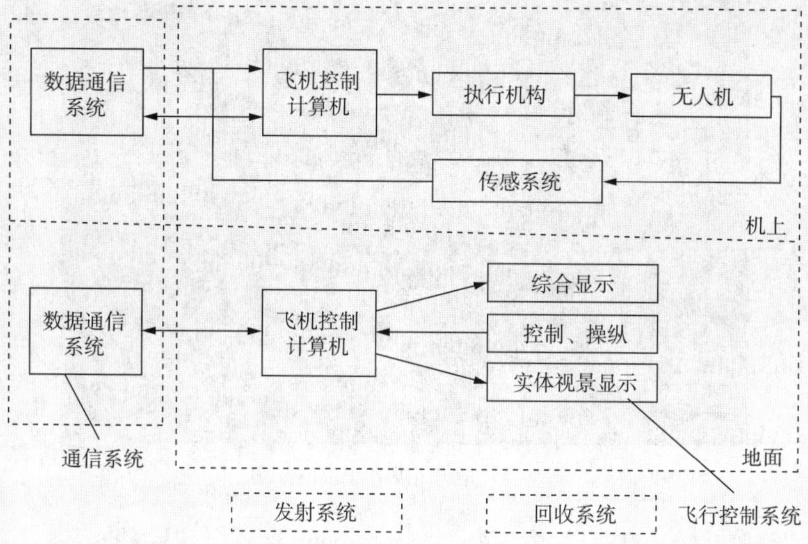

图2-1　无人机的结构系统简图

等）、无人机飞行可靠性、无人机可监控性、飞行系统稳定性和可操作性以及操控者控制无人机作业的友好性等，故性能较好的无人机其飞行控制系统也相对比较复杂。一般无人机的飞行控制系统分为人工遥控操作型和计算机遥控控制型两种。无人机的飞行控制系统的机上有五个部分：三轴姿态稳定与控制系统、自主飞行控制和指挥系统、飞行轨迹和导航控制系统、起飞与精确着陆（舰）飞行控制系统以及飞行安全控制系统。其中，飞行控制系统的地面部分有四个部分：飞行操纵和指令系统、飞行监控及显示系统、飞行定位系统、飞行自动指令系统。通过无线数据通信系统耦合的方式使机上与地面飞控系统成为一个统一的整体。无人机的发射方式有很多种，主要包括其他飞行器辅助投放、弹射起飞、借跑道滑跑起飞、辅助滑轨起飞、借助起飞车滑跑起飞以及借螺旋桨辅助起飞等。同样，无人机的回收方式也有很多种：降落伞回收、拦阻回收、其他飞行器空中对接回收等。

随着人们对无人机的深入研究，科学家们开发了各种各样新型的无人机结构，如图2-2所示的混合布局形式的无人机。

混合布局形式的无人机，简单地说就是科学家在常规固定翼飞行器上增加了多轴动力装置。这样，在无人机的起降过程及低速状态下，在多轴动力装置加成下，利

图2-2 混合布局形式的无人机

用多轴动力装置自带的多个螺旋桨产生的升力，克服无人机自身重力和空气阻力，实现无人机的起飞和降落；无人机在高速巡航的过程中，系统不启用多轴动力装置，而是按照无人机本来设定的固定翼式的工作模式实现无人机的平稳飞行。该种无人机的好处就在于不需要借助额外的辅助机构，而且结构设计较为简单，制造工艺并不烦琐；同时，在飞行姿态上没有过大的变化，无人机系统导航解算比较简单。因此，固定翼＋旋翼混合布局设计的无人机技术风险相对较小，在市场上应用也比较广泛。

混合布局无人机平台、数据传输系统、任务系统和地面指挥控制系统等几部分是混合布局无人机系统的主要组成部分（图2–3），可以说它们合力构建了混合布局无人机。混合布局无人机平台包括固定翼平台、四旋翼系统、导航飞控系统和电气系统等部分；数据传输系统包括测控链路和图数传链路；任务系统包括光电吊舱、小型SAR和相机等任务载荷设备；地面指挥控制系统包括地面综合控制系统和地面辅助配套设备等部分。由于地面指挥控制系统的特殊性，可以根据无人机的具体应用环境设计将其分为便携式、车载式和固定式等不同种类的控制器。

混合布局无人机系统的基本架构如图2–4所示，其系统的基本原理如图2–5所示。在机上，控制/回传、遥控/遥测信号统一采用串行接口，可见光/红外图像数据采用高速数字接口进行通信；地面端中，地面数据终端与载荷显控、飞行控制、链路监控等各席位和4G通信终端、北斗/GPS接收机之间通过网口进行通信。

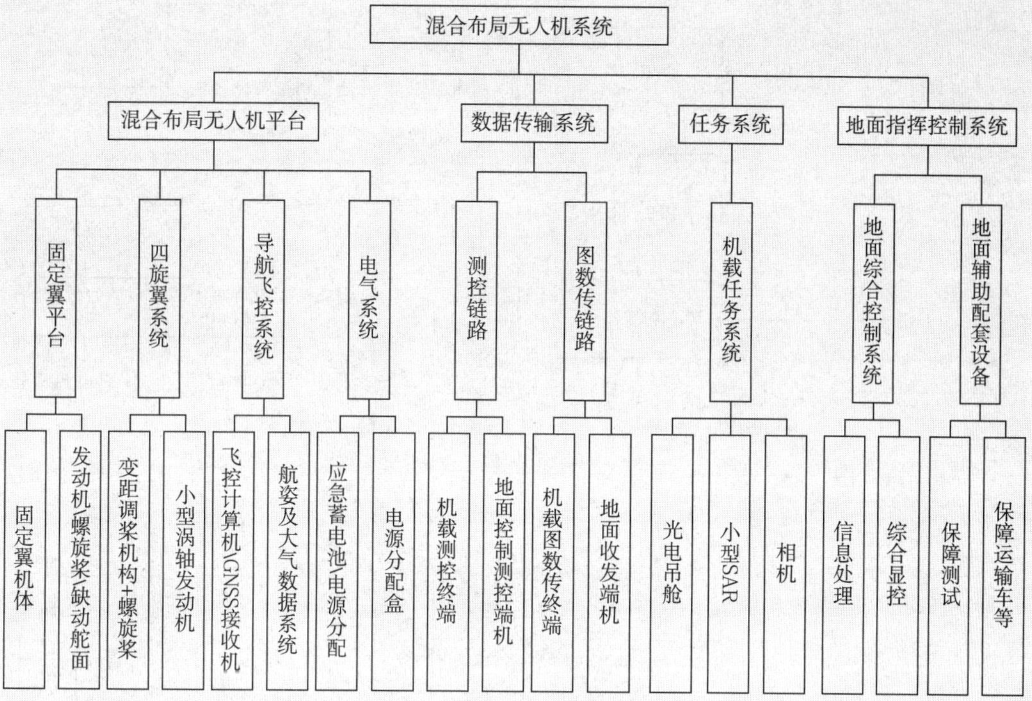

图2-3　混合布局无人机系统的主要组成部分

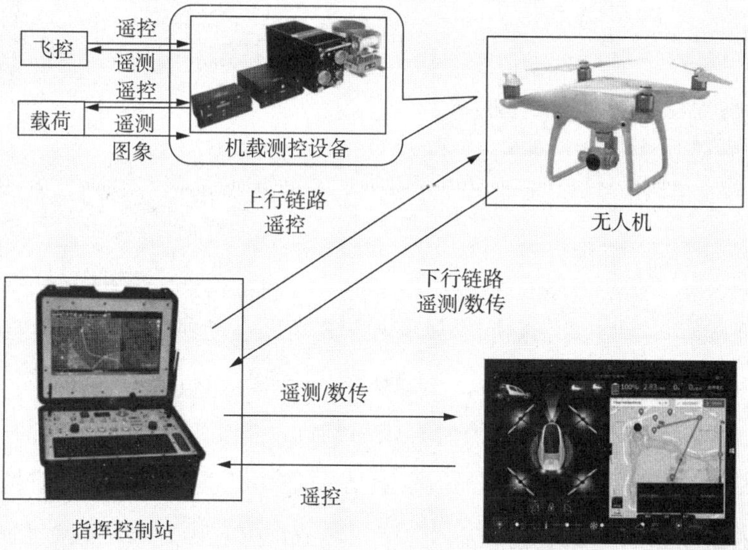

图2-4　混合布局无人机系统的基本构架

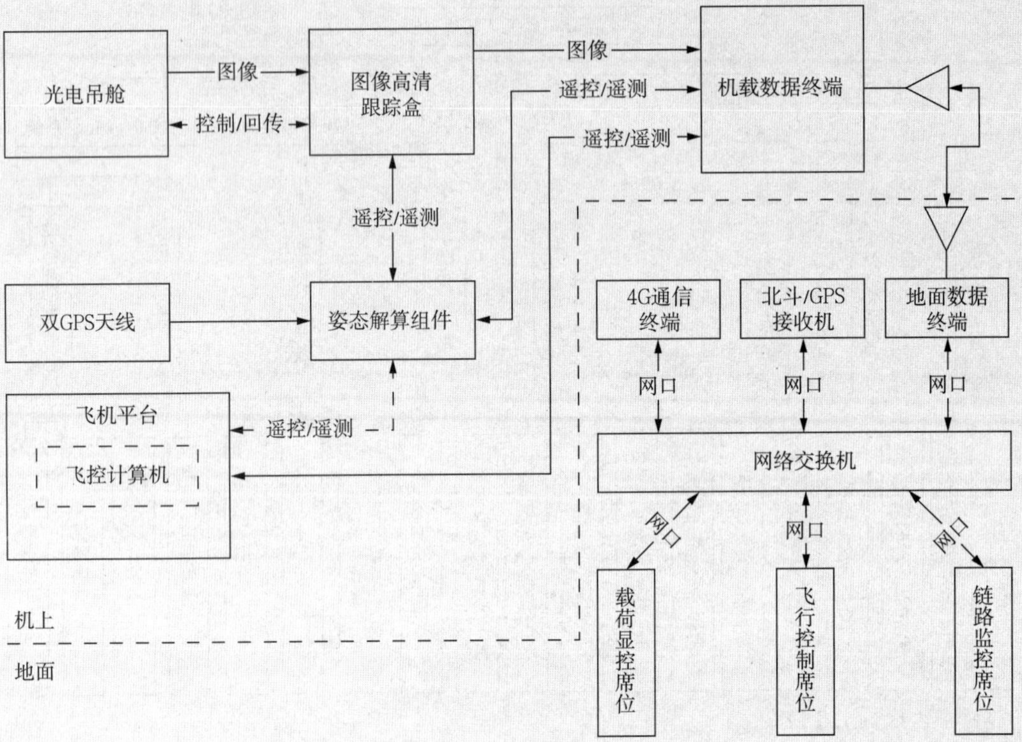

图2-5　混合布局无人机系统的基本原理

2.2　无人机的应用及分类

2.2.1　无人机的应用

与有人驾驶飞机相比，无人机因为其生产成本低、能量损耗少、可避免人员伤亡、可多次使用和机动性能高等优势，被广泛地应用到军事、民用和科学研究三大领域。

在军事应用方面，无人机可分为侦察机和靶机，主要用于执行不同的军事任务及军事训练等。在军事上，无人机可用于侦察敌情、监听信息、切断通信信号、电子对抗、火力输出、对地形环境的评估、干扰、引诱、对敌炮火攻击、目标追寻和侦察哨所位置等。在民事应用方面，无人机也有着很广泛的应用，与“万物互联”时代的口号“互联网 + 行业”相同，“无人机 + ”的应用是无人机在民用领域的刚需。目前，无人机在航拍、农业、植保、微型自拍、快递运输、灾难救援、观察野生动物、监控传染病、测绘、新闻报道、电力巡检、救灾、影视拍摄等领域的应用，大大地拓展了无人机本身的用途。在科学研究方面，无人机常被应用于对大气环境的研究，对核辐射较高地区的土壤、水质等环境因素的取样及勘察。尤其是在农业方面，随着遥感技术研究的不断深入，科学家们已经把遥感技术应用在了农情监测、农药喷洒、农业病虫害的预防等领域。例如，利用无人机对农情信息监测是较为常见的应用之一。农情信息监测是对农业生产过程的各个环节进行的监测，主要目的是保证作物在生长过程中不会受到其他因素的迫害或受到侵害后能够找到事发根源。

随着互联网的发展和“万物互联”时代的到来，近几年人们通过利用现代通信技术以及计算机网络技术，对收集、分析、监视农情信息，预测农作物长势，估计产量，评估种植风险等环节实行一系列的措施，并且取得了一定的成就。例如，美国农业部所建立的农情监测系统，充分利用了遥感技术，旨在监测农业生产的全过程，帮助农场主制订合理的农业生产计划。该系统还可以监测全球各地农作物的长势，判断和估计各类农产品的产量，对国际农产品市场具有重大意义。农情遥感监测通过遥感技术等空间信息技术，实现了农业生产过程中对农业生产过程的动态监测，其优势在于应用范围广、时效性强并且预测准度高，这些是市场上常规的信息监测系统无法做到的。

现代遥感技术应用已经十分完善，并且在农业上已经应用了20余年。但由于其受分辨率、时间、地形、空域、天气条件等限制，以及高昂的遥感技术的费用，所以说在一般的农业生产中很少使用遥感技术。为了发展航空遥感技术，国际上很多发达国家投入大量资金研发质优、价廉的遥感技术飞行器，比较出名的有美国研发的太阳能高空飞行器、微型探测飞行器等。这些飞行器有着机动性高、选择性强、精度高、工作时间短、时效性好、维修及使用费用低、比较经济而且非常安全等共同的优势。为了大力发展遥感技术，我国也在加紧研究无人机遥感技术，但由于其本身底子弱，没有很好的研究基础，所以在我国的进展较慢。随着这几年地理信息系统（GIS）、全球卫星定位系统（GPS）、图像处理技术和数码摄影摄像技术不断应用在日常生活中，低空遥感技术也迎来了发展的“第二春”。

农业病虫害是影响农产品产量的重要因素之一，目前，世界上各个国家仍将农业病虫害的防治作为农业生产的主要关注点，预防并减少农业病虫害是保证农业生产高产、高质，实现农业经济可持续发展的基石。根据资料显示，丘陵及山区占我国土地总面积的

61%左右，同时山地地区是我国水稻及油菜等农作物的主产区。但是这些农作物受制于地形的因素，种植起来有很大的困难。水稻在我国农业生产中占据着重要地位，据不完全统计，我国每年水稻作物农业病虫害防治面积仅为35%。由于水稻特殊的种植条件，使得我们很难利用陆地设备对其进行防治。

同样，湿地、雨林等地形也不适用于陆地设备进行防治。因此，为了实现特殊地形的农业病虫害防治，科学家们提出利用无人机进行农业病虫害防治工作，构成完整的机械化防治体系。由于作业条件限制，开展防治工作时飞行速度较快，不能很好地适应地形复杂、作业区障碍物多的作业环境，进而不能够很好地完成作业任务。尤其是在种植面积小、农业病虫害大的作业条件下，喷洒的农药极易落到耕作区域外造成不必要的损失。因此，近年来对无人机在农业病虫害的防治方面研究的较为广泛。在我国，由于缺乏先进的无人机喷洒技术和控制装置，使得我们的无人机喷洒技术发展的较为滞后，与国际先进水平差距较大，但也说明我国的无人机喷洒技术市场前景更为广阔。

近年来，我国植保无人机农药喷洒作业的使用量日益增长，应用的农作物范围也越来越广，尤其是在地面喷杆喷雾机难以进行作业的地区。植保无人机利用低空低量施药作业，相比于传统的人力背负喷雾作业来说，植保无人机具有作业效率高、劳动强度小的优势；同时，与大型有人驾驶的航空飞机施药相比，植保无人机的成本大大降低。采用植保无人机进行农业喷施，人机分离、人药分离，因而更加高效安全。

2.2.2 无人机的分类

1. 按飞行平台构型分类

无人机可分为固定翼无人机、单旋翼无人机、多旋翼无人机、无人飞艇、伞翼无人机、扑翼无人机等。部分常用无人机类型如图2–6所示。

2. 按用途分类

无人机可分为军用无人机和民用无人机：

（1）军用无人机可分为侦察无人机、诱饵无人机、电子对抗无人机、通信中继无人机、无人战斗机以及靶机等。

（2）民用无人机可分为巡查/监视无人机、农用无人机、气象无人机、勘探无人机以及测绘无人机等。

3. 按体积分类

无人机可分为微型无人机、轻型无人机、小型无人机以及大型无人机。

4. 按活动半径分类

无人机可分为超近程无人机、近程无人机、短程无人机、中程无人机和远程无人机。

（a）固定翼无人机

（b）单旋翼无人机

（c）多旋翼无人机

图2-6 部分常用无人机类型

2.3 无人机的操控技术与使用规程

2.3.1 无人机的操控技术

无人机技术的快速发展促进了国家相关政策的出台。国务院、中央军委空中交通管制委员会组织、制定了《无人驾驶航空器飞行管理暂行条例（征求意见稿）》，规定了无人驾驶航空器飞行管理应当坚持安全为要，降低飞行活动风险；坚持需求牵引，适应行业创新发展；坚持分类施策，统筹资源配置利用；坚持齐抓共管，形成严密管控格局。中国民用航空局制定了《轻小型无人机运行规定（试行）》《民用无人机驾驶员管理规定》《民用无人驾驶航空器实名制登记管理规定》等管理文件，对无人机生产、制造、使用、销售等环节进行了规定。植保无人机是能飞起来的施药机械，既要遵循飞行器的相关规定、保证公共安全，又要遵守植保机械的相关要求，保证粮食安全、环境安全。总体来讲，植保无人机应从无人机系统、无人机驾驶员、飞行空域、飞行运行、施药技术要求、农药使用等方面进行管理，以促进农用航空事业健康有序地发展。

当拿到植保无人机时，首先应当确保该产品没有拆封，之后是对所购买的植保无人机进行激活。不仅是对机器进行激活，同时还需要对包括遥控器、植保无人机本体、充电器、网络RTK在内的多个配件进行激活。

激活时，首先在官方网站上注册个人账号，并对所注册的账号进行官方的实名制认证。进行此步的目的是履行法律所规定的义务：根据国家法律法规，植保无人机须持有者对其进行实名认证登记，个人须登记身份信息以及联系方式，公司须登记公司信息以及操作手信息。例如，激活成功后，操作人员需要在手机上下载相关农服App对基本的作业参数及操作进行设置和学习。

（1）飞行数据：统计作业面积、作业时间、飞行轨迹等。

（2）地块管理：地块云端保存，重复调用。

（3）操作学习：植保无人机操作技巧、用药方案，植保无人机遥控器、电池按照说明书正确安装、充电。例如，植保无人机整机采用折叠设计，展开时应首先展开机臂，并将套筒拧紧；再对其他机臂进行展开，并依次拧紧套筒。

2.3.2 安全操作注意事项

有以下几种情况的，需禁止无人机操作人员操作植保无人机：饮酒或服用国家管制精神药剂；哺乳期及怀孕。

植保无人机的操作注意事项如下：

（1）飞行时保持安全作业范围。植保无人机操作人员在作业过程中应时刻保持自身与植保无人机的距离在6 m以上，并时刻注意周遭环境，防止有人误入无人机安全作业范围，发生意外。

（2）在空旷地进行起降任务。植保无人机的起降点应选择在空旷、无人的地方，并处于整个田块的上风向地区，操作人员在作业过程中应注意观察作业区域以及起降区域内是否有围观或者路人，防止起降过程中发生意外，损害自身及他人的人身安全和财产安全。严禁在公路、广场等人流、车辆较多区域起降植保无人机。

（3）时刻保持警惕，对应急事件有准确的判断及处理方式。在作业过程中如若发现无人机不受操作人员及遥控器的控制，应禁止任何人接触处于悬停或缓慢飞行状态下的设备，避免造成人员伤亡及财产损失。

2.3.3　植保无人机的使用

植保无人机使用前后的工作：

（1）在开始作业任务前，尤其是第一次作业任务前，操作人员应当首先为植保无人机进行电池的安装，再对无人机进行装载设备的安装，以达到预防药液腐蚀无人机金属插头的目的；同样，在作业任务完成后，应当先对装载设备进行拆卸，再对电池进行拆卸，其目的与之前相同（图2–7）。

（2）搬抬、转运无人机时，注意装载设备是否处于满载，严禁在无人机满载的情况下对无人机进行搬抬、转运等操作。

（3）植保无人机完成每天的作业任务后，应当用清水对装载设备及相关管道冲洗2～3遍，防止药物残留对管道等部件的腐蚀。还需使用湿抹布对无人机的其他部位进行清洁，避免落灰等情况。

（4）完成作业任务后，操作人员应将植保无人机存放在干燥、阴凉及通风的环境中。

图2–7　植保无人机

2.3.4 植保无人机技术规范

在日常操作中，植保无人机的作业效果与很多因素有关，例如药剂、施药器械、作业参数、气象条件等。唯有操作人员达到所要求的技术规范，才能避免无人机作业效果不理想的情况出现，同时也能避免一些由操作不规范引起的药害等现象的发生（图2–8）。

图2–8 植保无人机作业

1. 风速要求

作业过程中风速对药液能否准确落达指定区域影响较大，所以作业时须保证植保无人机所处的环境中风速不超过3级，避免因风速过大导致飘移现象的出现。除此之外，当进行喷洒除草剂的作业任务时，应保证风速不超过2级，避免药害等现象的出现，造成财产损失。由于喷洒的雾滴很小，质量很轻，会出现随风飘移现象，所以植保无人机在作业过程中不可避免地在下风向地区出现一定的药物残留。同时，自然界中风速不是一成不变的，因此在操作过程中应随自然条件的变化随时调整作业任务，以期达成较好的作业效果。植保无人机作业过程中应紧密关注风向变化并注意以下几点：

（1）禁止作业人员及其他人员出现在无人机的下风向地区，防止发生农药中毒。

（2）作业前，应认真考察地形等，注意是否有对药物过敏的动植物出现在作业路线的下风向地区，防止药害的发生。

（3）进行除草等敏感作业时，应设置一定的安全隔离区，防止药液飘移到相邻土地，出现药害现象。

(4) 作业过程中，植保无人机的作业航线应尽量与风向平行，防止风力等外部因素对无人机巡航飞行造成不良影响。

2. 温度要求

作业及保存的过程中温度对药物的药性影响极大。低温可能会使药物的活性降低，作业效果不好，甚至0℃以下的低温会加剧药害的发生；高温则会加快药液中有效成分的蒸发，使喷雾中有效成分组成降低，也会降低作业效果。各种药剂的主要成分及组成不同，因此作业时的温度范围也不尽相同，但结合市场上大多数药剂的适用温度范围，总结出温度范围为15～30℃。操作过程中，操作人员应严格控制作业温度，避免产生不良危害，禁止在0℃以下、35℃以上的温度下进行作业。

3. 湿度要求

除温度以外，湿度也会对药液的蒸发产生影响，为防止药液的挥发，操作人员在作业过程中应避免在温度为30℃以上、湿度为40%以下的区域进行作业。除此之外，应合理地利用所学知识，灵活地对作业方式进行调整，如在湿度较低区域作业应稍微提高药液的亩用量、增大雾滴直径，以降低雾滴蒸发。

4. 药剂及其配比要求

作业过程中应选择合适及配比正确的药剂，植保无人机飞防作业是一种低容量喷雾的作业方式，该方式具有雾滴小、用药少的特点。部分无人机会有特殊用途，所以在用药、剂型、作用方式选择等方面与其他植保机械有一定不同。

农用药剂型的选择：无人机进行飞防植保的作业任务时均采用喷雾方式进行作业，同时喷雾的雾滴直径很小，因此不能选用粉剂类剂型的农用药剂，应首选液剂类剂型，如水乳剂、微乳剂、乳油、悬浮剂、水剂等。切忌选用可湿性粉剂、可溶性粉剂等药剂，这些药剂可能会导致喷头堵塞、水泵寿命缩短等情况的发生。作业过程中切忌使用高毒及剧毒药剂，如甲拌磷、对硫磷、久效磷、杀虫脒、克百威、甲胺磷、灭多威等，因为飞防作业对药剂的稀释程度要求比较低，稀释后药剂毒性仍然比较高。

5. 作业环境要求

作业过程中着重观察作业环境，对作业区域内障碍物进行勘察，田块规划时应仔细观察田块内部及边缘障碍物情况，对障碍物进行测量并制订详细的飞行航线，避免植保无人机与障碍物产生撞击。同时，应注意周边的作物种植情况，在作业前必须观察周边作物种植情况，查看周边是否存在对药物敏感的农作物生长，避免雾滴因风速而产生的飘移导致作物毒害，造成不必要的经济损失。还要注意周边牲畜养殖情况，防止作业时发生牲畜中毒、死亡的现象，对自己或他人造成重大经济损失。

6. **作业过程中须制订合理的作业参数**

（1）植保无人机作业高度的要求。根据雾化喷嘴的分布特性（中间分布多，两侧分布少），相邻的两个喷嘴的喷雾范围有30%以上重叠才能保障作业任务的正常进行，喷洒的程度比较均匀，因此植保无人机的作业高度应该在1.8~2.5 m。高度过高可能会造成药液飘移和加剧蒸发；过低则造成漏喷，作业效果不佳。

（2）植保无人机作业速度的要求。无人机进行植保作业时的作业速度会影响雾滴穿透性、飘移性，严重影响作业效果的好坏。伴随着无人机飞行速度的加快，雾滴的穿透性将会降低，在农作物中下部的药剂沉积减少，同时雾滴的飘移将会增加，易导致不必要的损失。植保无人机飞行速度过低则会导致雾滴分布不均匀，药剂喷幅范围较小。考虑到植保无人机的作业效率及作业效果，对于大多数的植保作业而言，建议植保无人机的飞行速度控制在3~6 m/s，这样具有较高的作业效率及较好的效果。

（3）植保无人机作业行距的要求。考虑到漏喷与重喷的现象出现，植保无人机的飞行行距应与有效喷幅等同，这样才不会出现以上问题。飞行行距大于喷幅时会出现漏喷现象，反之则会出现重喷现象。因此，飞行行距的设定应该参考植保无人机真实的飞行高度、飞行速度等因素做进一步调整。

（4）每公顷用药量的要求。每公顷用药量是指每公顷土地的药剂的使用量，水泵喷洒速率、行距、作业速度均会影响药剂使用量，每公顷用药量须根据植保无人机进行每个作业任务时的相关几个因素而定。

第3章　植保无人机概况

3.1　植保无人机的历史和趋势

3.1.1　植保无人机的历史

1. 欧洲、美国植保无人机发展历史

20世纪六七十年代，欧洲、美国的农业发达国家逐步形成大型农场专业化生产方式，建立了以大型地面植保机械和有人驾驶航空器为主体的防治体系。80年代中期发展到顶峰；到80年代中后期，由于大型有人驾驶飞机航空施药，导致因农药雾滴飘移引起了多起环境污染和农药药害事件。经严格的环境评估，1988年欧盟的前身欧洲共同体决定在成员国家内部全面禁用航空施药装备与技术，至今仍未开放。而在北美地区，尤其是美国，超大规模经营农场（包括家庭农场）的规模化种植和同种作物大量连片种植的模式决定了美国化学防治以有人驾驶飞机与地面大型喷杆喷雾机为主，二者并驾齐驱。北美的农业航空装备主要是固定翼飞机（图3–1）和载人直升机。另外，美国政府一直担忧植保无人机施药用水量更小、雾滴更细，会产生更严重的农药飘移风险，还考虑到植保无人机相对成本高于有人驾驶航空施药技术（载药量太小），所以至今尚未立法允许无人机从事农药喷洒作业。据统计，美国农业航空对农业的直接贡献率为15%以上，年处理40%以上的耕地面积，全美65%的化学农药采用飞机作业喷洒，其中水稻采用航空作业施药率达100%。

图3-1　固定翼飞机植保作业

2. 日本无人机发展历史

日本因户均耕地面积较小，地形多山，不适合有人驾驶固定翼飞机作业，因此日本农业航空以有人驾驶与无人驾驶直升机为主。无人机小巧的体型和灵活的操控，使日本成为第一个利用无人直升机做植保作业的国家。20世纪70年代，日本开始经济腾飞，适龄劳动力大多进城寻找工作机会，农村劳动力极度匮乏，因此，日本在引进的美国军方无人靶机技术的基础上，日本雅马哈公司（YAMAHA）于1990年推出世界第一架用于喷洒农药的植保无人机“R50”，可挂载5 kg的药箱。此后，无人机在日本农林业方面的应用发展迅速，无人机旋翼和发动机转速被降低以适应农业作业的要求，无人机施药参数也在不断改进，施药雾滴分布均匀性降低至30%以下。雅马哈公司除“R50”外，已研发出“R-max”与“FAZER”等新型系列植保无人机，最大药箱容量为32 L。

从2005年开始，日本水稻生产中植保无人机使用量已超过载人直升机。目前，采用小型植保无人机进行农业生产已成为日本农业发展的重要趋势之一，小型植保无人机在日本经历了40余年的发展，致使日本成为世界上农业航空最成熟的国家之一。至2018年5月，日本植保无人机市场装机总容量（获得国家颁发的农业应用证书）为2788架，获得国家植保无人机操作证书的操作人员共10545位。日本60%的水稻田采用无人机飞防，近40%的农田植保防治由无人机来完成。

3. 中国无人机发展历史

我国的农业航空始于20世纪50年代初，主要用于大田农作物的病虫害防治、草原灭蝗、森林害虫防治和防火等领域。中国植保无人机研发起步较晚，2005—2006年国家“863”项目“水田超低空低量施药技术研究与装备创制”，标志着国内科研机构正式开始探索植保无人机航空施药技术。该项目研制的“Z–3”型油动单旋翼植保无人机（图3–2），可装配10 kg药箱，搭载了由与中国农业大学药械与施药技术研究中心和山东卫士植保机械有限公司合作研发的2个超低量离心雾化喷头。2008年，中国农业大学药械与施药技术研究中心与山东卫士植保机械有限公司、临沂风云航空科技公司开始合作，进行低空低量遥控多旋翼无人机施药机的研发工作，于2009年研制出国内外第一款多旋翼植保无人机，包括搭载10 L药箱的8旋翼机和搭载15 L药箱的18旋翼机，此后几年在全国13个省市进行了示范和推广。

我国油动单旋翼植保无人机的民间开发可能较国家“863”项目更早，2010年无锡汉和航空技术有限公司生产的“3CD–10”型单旋翼油动植保无人机在郑州全国农机博览会上亮相，这是国内首款在市场上销售的油动单旋翼植保无人机，开启了中国植保无人机商业化的第一步。2012年4月，全国首次“低空航空施药技术现场观摩暨研讨会”在北京召开，由中国植物保护学会植保机械与施药技术专业委员会、中国农业大学、全国农技推广中心、中国农业科学学院植物保护研究所联合举办。油动、电动、单旋翼、多旋翼（图3–3）等类型的12种植保无人机，以及人驾动力伞植保飞行器共同亮相观摩会现场。以此为起点，低空低量航空施药技术研究逐渐成为热点。

图3–2　油动单旋翼植保无人机

图3–3　多旋翼植保无人机

在植保无人机标准建设方面，2016年我国首个植保无人机标准——《农业植保无人机》（DB 36/T 930—2016）由江西省出台，这是我国第一个关于植保无人机的省级地方标准。紧随江西省，广西、湖南、山东等省相继出台省级地方标准。2018年，农业农村部正式出台了我国首个行业标准《植保无人飞机质量评价技术规范》（NY/T 3213—2018），并于2018年6月1日起正式实施。

植保无人机低空低量作业从零开始，经过10多年的迅猛发展成就了今日的非凡。据农业农村部统计，截至2017年底，全国在用的农用无人机共253种，生产植保无人机的工厂有300余家，全国植保无人机装机量有1.4万余架，已经在包括水稻、小麦、玉米、甘蔗、果树、棉花等在内的作物上进行了病虫害防治作业。实际效果证明，植保无人机已经能够达到实用水平，正处于迅速发展阶段。据调查，2018年我国植保无人机保有量达3.15万架，作业面积达2.67亿亩次。农业无人机的大规模使用，提高了农业生产效率，助力农业生产的精准化。

3.1.2 植保无人机的发展趋势

1. 美、澳、俄等国发展趋势

美、澳、俄三个国家主要使用有人机作业，这类飞机投入多、载重大、效率高，只有日、韩使用的是植保无人机。就目前而言，世界的航空植保主流形式，至少从作业面积上来讲，主要为有人机作业。对于美、俄、澳三个国家而言，广袤的土地及相对较少的人口，都决定了他们的单个经济单位拥有的可耕种面积是极其庞大的。

2009年，美国农业从业人口为205.6万人，约有190万个农场，扣除休耕面积的耕地面积为1980 km^2，平均每个农场耕地面积为1.042 km^2，平均每个农场只有1.07人进行生产和经营，每个农业从业人口平均耕地面积高达0.96 km^2。一方面，小型飞机的喷洒精度如果要满足这种广度，需要投入大量的无人机，美国农场主的更换动力严重不足。另一方面，无人机并不是真正意义上的“无人”，而是飞机上没人，而地面上依旧需要有人去操作飞机。基于这两个方面的原因，美国现在都使用大型有人机且使用量很大。同样，俄罗斯和澳大利亚也面临这样的局面。

2. 日本发展趋势

2015年，日本全国耕地面积为449.6×10^4 hm^2，农业人口跌破200万人，与1990年相比减少了60%，农业人口平均年龄已高达67岁。同时，日本农业协同工会掌握着日本农产品生产与流通的命脉，但该协会的大部分成员为兼职农户，拥有农田的平均面积只有2 hm^2。

日本在老龄化加速的情况下，面临着两种选择：第一种是减少人力的参与度，让更多的机器替代人类去工作，以弥补人力的缺失；第二种是进行大规模的土地流转，利用大型机械和协作效应去弥补人力的缺失。从保护私有财产的角度考虑，日本应选择研发适合中小地块的农业机械，以及组建日本农业协同工会来发挥协同效应。中小块土地耕种无法使用有人机和地面大型喷杆喷雾机，无人机小型、轻量化的特点正好适应需求。

3. 中国发展趋势

中国自古都是一个产粮大国，如果普及无人机植保技术，将会减轻国民很大的农业负担。国内的植保无人机大有市场，发展潜力极大。自“十一五”期间，国家“863”计划“新型施药技术与农用药械”立项研发植保无人机至今已十多年，虽然植保无人机与低空低量航空施药技术发展迅速，但是我国农用飞机拥有量仅占世界农用飞机总数的0.13%左右，农业航空作业面积仅占耕地面积的1.70%，远低于17.00%的世界平均水平（图3-4），而且喷洒设备性能较差，同美国等农用航空发达国家相比差距仍较大。

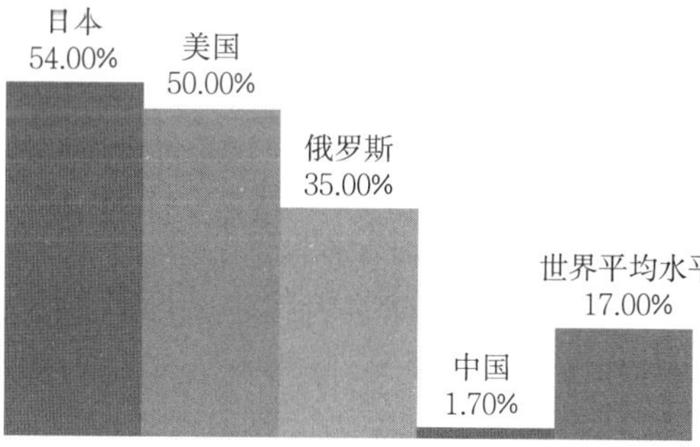

图3-4 主要国家航空作业占耕地面积比例

工信部发布的《工业和信息化部关于促进和规范民用无人机制造业发展的指导意见》指出：到2025年，民用无人机产值达到1800亿元，年均增速25%以上。产业规模、技术水平、企业实力持续保持国际领先势头，建立健全民用无人机标准、检测认证体系及产业体系，实现民用无人机安全可控和良性健康发展。据中国民用航空局数据，截至2018年底，全行业无人机拥有者注册用户达27.1万名，其中个人用户24万名，占比88.6%；企业、事业、机关法人单位用户3.1万名，占比11.4%。2018年，全行业无人机有效驾驶员执照共44573本。全行业注册无人机共28.7万架，无人机经营性飞行活动达37万小时。

2020年4月19日，在国务院联防联控机制新闻发布会上，农业农村部农业机械化管理司副司长王甲云表示，今年春耕全国投入植保无人飞机超过3万台，同比增长25%以上；投入北斗导航、自动驾驶拖拉机和配套装备超过2万台（套），同比增长15%左右（图3–5）。

图3–5　我国植保无人机大力投入使用

3.2　无人机在农业植保方面的优势

3.2.1　植保无人机与传统作业相比

一直以来，我国农业生产中多数是通过人工进行农药喷施的，也有少部分使用地走式喷雾机，而这些植保形式正在被植保无人机取代。植保无人机正在以其多方面的优势，更全面、更高效地推动着我国粮食绿色增产，以及植保现代化的进程。

1. 效率更高

植保无人机飞防作业效率要远远高于人工施药，人工施药面积一天为0.6~1.33 hm^2（图3–6），而植保无人机飞防施药一天的有效喷施面积基本在16.67~20 hm^2（图3–7）。夜间作业时，植保药液附着在植物表面；而白天温度高，太阳直射药液更易蒸发，其作业效果远不如夜间低温作业。人工夜间作业困难，而植保无人机飞防则不受这个限制。

图3-6　人工背负式施药

图3-7　植保无人机作业

2. 适应面更广

植保无人机携带方便，使用优势突出，既能适应各种地形条件，又能满足不同作物品种及不同种植模式需求。

（1）多种地形

鉴于我国悠久的农耕历史，很多原本不适合耕种的土地都被勤恳的农民开垦成了良田。不论是平原，还是山地、丘陵、坡地、洼地等地形，都存在农作物的种植。大型地走式喷雾机和有人机除平原以外，其他地形基本上无法进入，很难进行农药喷施、植保作业，而植保无人机就没有这么多的限制和束缚，几乎所有地方都可以进行作业（图3–8）。

图3–8　植保无人机在丘陵地带作业

（2）多种作物

一些高秆大田作物，比如北方的玉米、高粱，南方的甘蔗等作物，后期植株较高，人工无法进行施药，地走式的植保机械进场会造成大面积的作物损害；一些果树、块根块茎类的作物，也不适合地走式机械进行植保作业。而用植保无人机来进行飞防作业的话，对作物不会造成任何损伤，可以说是作物病虫害防治的完美解决方案。虽然目前植保无人机在果树上的应用还不是很广泛，效果也不太稳定，但我们相信随着技术、药剂、标准的不断进步，最终可以达到理想的效果。如图3–9所示为植保机械作业，如图3–10所示为植保无人机对作物施药。

3. 省水省药

近年来，我国的农药用量一直在上升，因此国家提出了“农药零增长、绿色农业”的目标。植保无人机喷洒系统采用离心雾化和超低容量变量喷洒技术，保证所有植株都能均匀覆盖，杜绝漏喷、重喷现象，这样至少节省90%的水和50%的农药，农药有效利用率为

图3-9　植保机械作业

图3-10　无人机喷洒施药

35%以上。另外，人工作业速度慢，虫害传染快，喷洒到后面，前面的虫害又发起了，往往要重复几次；而植保无人机作业速度快效率高，一次作业短时间内即可达到目的，杀虫速度快，对大气、土壤和农作物危害少，且利用北斗导航技术可精准作业，施药均匀，节药环保效果明显。

4. 对人体无危害

植保无人机作业通过地面遥控或GPS飞控操作，实现了人和药的分离，人员远离施药区域，人体几乎不会接触到农药雾滴，特别是一些对人体危害较大的农药，更加需要通过植保无人机飞防进行施药。

5. 操控便利

植保无人机可在田间地头垂直起降，起降需要的场地小，自动规划最佳作业航线，自主适应不规整地形。

6. 植保效果更好

植保无人机具有喷施农药细度更高，作业高度低、飘移少，可空中悬停等特点，喷洒农药时旋翼产生的向下气流有助于增加药液对农作物的穿透性，防治效果好，因此可以在极低的喷施用量下得到更好的植保效果（图3–11）。

图3–11　植保无人机作业

7. 应用更广泛

植保无人机除了可以喷洒农药外，还可以播种、喷洒粉剂、监测作物生长等。植保无人机搭载高清数码相机、光谱分析仪、热红外传感器等装置在农田上方飞行，可准确监控农作物生长情况，根据采集的数据评估农作物风险情况，并采取预警级别响应。植保无人机可采用群防群控、集中防治的方式，迅速消灭区域性病虫害；可远程监控植保作业进度和作业面积，做到每平方米的飞防作业都有据可查。经过对水稻、小麦、玉米、棉花和甘蔗等农作物开展的病虫害防治工作和实际效果证明，使用植保无人机监测农作物正常生长，可以帮助农户采取针对性措施，减少风险和损失。如图3–12所示为植保无人机采集数据、监测果树情况，如图3–13所示为植保无人机遥感测温情况。

图3-12　无人机采集数据、监测果树

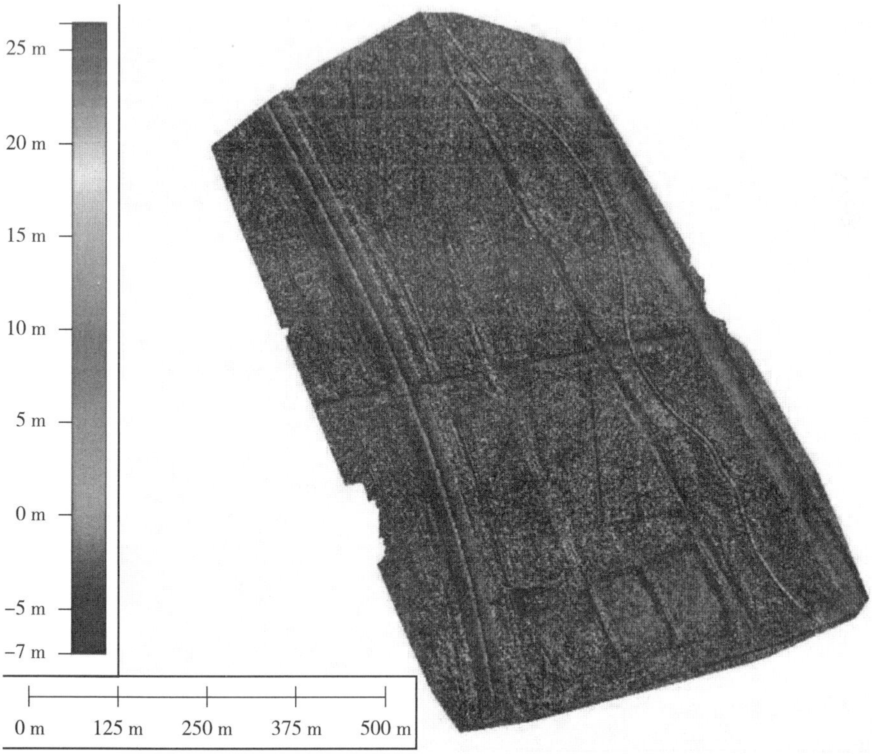

图3-13　无人机遥感测温

植保飞防具有作业效率高、防治成本低的优势，可在短时期内集中、快速、精准施药，有力防治病虫害，确保粮食丰收。加上政府的重视和推动，越来越多的植保无人机正在飞入老百姓的田间地头。表3–1为无人机作业与传统作业对比情况。

表3–1 无人机作业与传统作业对比

方式	无人机作业	传统作业		
		人工背负	拖拉机	高架车
作业效率	20～53.3公顷/天	0.8～1.3公顷/天	6.7～20公顷/天	53.3～66.7公顷/天
地形适应能力	适应性强，不受山地、丘陵等地形限制	易踩踏作物，造成落花落果，部分高秆作物难施药	山地、丘陵无法作业，易对作物造成机械损伤，掉头转弯易倾轧作物	山地、丘陵无法作业，易对作物造成机械损伤，掉头转弯易倾轧作物
是否受作物长势限制	不受限制，可解决作物生长中后期地面机械难下田的问题	受限制，对部分高秆作物难以施药	受限制，作物生长中后期难以下田作业，对部分高秆作物难以施药	受限制，作物生长中后期难以下田作业，对部分高秆作物难以施药
农药雾化效果	液量小，雾化效果好	液量大，雾化效果不佳	液量大，雾化效果不佳	液量大，雾化效果不佳
农药利用率	利用率高	利用率低，为70%左右，无法有效利用	利用率低，为70%左右，无法有效利用	利用率低，为70%左右，无法有效利用
用水量	可节约90%左右的水量	浪费水资源，大部分农药随水流失到土壤中	浪费水资源，大部分农药随水流失到土壤中	浪费水资源，大部分农药随水流失到土壤中
环保性	较环保	易污染土壤，破坏生态环境	易污染土壤，破坏生态环境	易污染土壤，破坏生态环境
安全性	安全，人、药分离，人员远离施药区域	安全性差，农药经口、呼吸道或皮肤进入人体，易造成农药中毒	安全性差，农药经口、呼吸道或皮肤进入人体，易造成农药中毒	安全性差，农药经口、呼吸道或皮肤进入人体，易造成农药中毒

3.2.2　植保无人机与有人机

在植保中，无人机相比有人机，优点在于不用安装与飞行员相关的设备，并且体积更小、重量更轻、操控更灵活。植保无人机几乎可以贴着地面飞行，所以又减少了药雾在非喷洒区的飘荡，可在田野上精准喷洒，还能避免洒药人员因吸入农药而中毒。随着各个国家对植保无人机的接受，其整体技术得到了大幅度提升。（图3–14）

图3–14　植保有人机作业

3.3　植保无人机的发展与展望

目前，植保无人机在我国已取得了长足的发展，植保无人机全产业链拥有近400家相关企业，植保无人机保有量超过3万台。2018年作业面积约为2.67亿亩次，总体可减少农药使用量为20%以上，提高农药利用率为30%以上。但由于中国面临着人口老龄化和人口缩减的严峻形势，农业劳动力短缺在未来会愈发明显，为了保障中国农业的稳定和可持续发展，加快实现农业机械化已经成为国家层面的发展战略之一。无人机低空低量航空施药技术的应用符合当前我国小户型农业发展的要求，以省时、省力、高效的方式进行施药作业，提升了中国植保机械化水平。我们在植保无人机快速且迅猛发展的过程中，既有机遇又面临着许多挑战。

（1）无人机低空低量施药在中国已应用在玉米、水稻、小麦等多种作物以及丘陵山区等多种地带。田间实际植保作业表明，无人机载荷并不是主要障碍，而植保无人机的作业质量与防效，续航时间与可靠性，尤其是农药飘移对环境的污染与周围敏感作物的药害等则更须关注，是无人机在应用与发展过程中面临的极大挑战。

（2）考虑到无人机技术的新颖性和复杂性，植保无人机专用喷雾系统及其低空低量的航空施药技术的研发应放在首要位置，但目前植保无人机生产厂家大多把精力放在喷雾系统的载体——飞行平台及飞行控制系统的研发上，以次代主，偏离了植保无人机是执行农药喷雾机器的这一主题。中国目前缺乏适用于低空低量航空施药的专业雾化系统、其关键工作部件以及施药技术。喷雾系统的主要工作部件大多借鉴地面现有零部件，没有稳压调压装置，无法实现均匀稳压喷雾，更谈不上精准喷雾。急需通过专用雾化装置、调压稳压装置、药箱、加药系统等研发与优化来改善农药雾化与沉积状态，降低飘失风险，实现农药安全使用。

（3）无人机施药技术在喷雾质量、防治效果，尤其是环境安全性等方面的评价是对植保无人机安全使用、环境保护、政府管理的主要与关键内容。植保无人机采用亩用量为1 L的超低容量喷雾技术，其雾滴大小为80～120 μm。这样细小的雾滴在风速为2～3 m/s的情况下，如果飞行喷雾高度距离作物冠层表面为2～4 m时，可以飘失至数十米甚至上百米以外的地区。这在施用除草剂与生长调节剂等药剂时，极易造成周围非靶标区敏感作物的药害与环境污染。因此，使用过程中除农药雾滴在作物冠层中的穿透性、雾滴沉积量、覆盖率等评价内容外，植保无人机的农药雾滴飘移控制与环境评估是在评价无人机施药效率和防治效果时需要优先考虑的。

目前，RTK技术可以进行航线规划和自主飞行控制，使飞行作业轨迹更精准，但无法保证植保无人机的喷幅稳定和雾滴在作物上的均匀分布，没有从根本上解决植保无人机的重喷与漏喷、农药雾滴飘移等核心问题，亟待研发先进的新型飞控系统、传感器及系统、软件平台。另外，仍需要充分研究小型单旋翼和多旋翼无人机雾滴空气动力学以及其与温湿度、风速等外界环境因素的相互作用，为针对植保作业的专用无人机设计提供理论指导。基于田间测试的可飘移雾滴风险评估和减飘技术的运用是未来无人机施药技术发展过程中需要考虑的关键研究方向。

（4）植保无人机施药技术的商业化需要政府、研究机构和企业等利益攸关方的共同参与和合作。专业化组织提供收费合理的无人机病虫害防治综合服务，意味着将复杂的无人机技术带到种植户身边变得切实可行，也可以使种植户逐渐接受这种农作物病虫害防治技术。这些专业化组织将会在农药供销的全程扮演关键角色，而且还将负责提供无人机操控手培训、无人机植保作业、机具维修、保险、产品运送和交付。专业化防治组织会在作业中累积经验，有利于开发专业化的病虫害防治体系，可以应对复杂大规模暴发性病虫害防治。在一项新技术的推广阶段，对价格格外注重的种植户往往会抱有观望态度。政府应该推出针对植保服务的采购计划和鼓励政策，调动种植户对无人机植保作业的参与热情，鼓励专业化组织和生产厂商合作并加大投入量。

（5）用于低空低量航空喷洒的农药新剂型的发展以及传统农药产品标签的改进。农药剂型是影响农药实际使用效果非常重要的因素，可改善雾滴雾化过程、减少雾滴飘失、提升农药雾滴在靶标作物表面的滞留量等。植保无人机施药专用商品化农药制剂迄今尚在研发阶段，适用于无人机低空低量农药喷洒的制剂会大大提升农药分布均匀度，降低雾滴飘失潜力。另外，用于植保无人机施药的农药包装上必须标明监管部门的授权许可标志，需要对农药产品标签进行改进或提供额外的专用航空施药说明书，产品包装上也要详细标明无人机喷雾推荐使用剂量和施药液量。

第4章　无人机植保作业

4.1　植保作业的准备工作

天气回暖的初春，油菜花开了，小麦拔节了，各地区开始渐渐进入农忙时期。对于飞防人来说，在植保作业季来临前做好充足的准备，接下来的硬仗才能打得漂亮。本节将详细介绍开展植保作业的准备工作。（图4—1）

图4–1　植保无人机

4.1.1　做好植保机及附属设备的保养

经过一年的田间作业，植保无人机的内部会囤积大量的灰尘，无人机的喷洒口也会出现堵塞的现象，所以在使用前需要进行拆除保养工作，以保证在使用时不出现故障。

飞行之前将螺旋桨以及电机的农药残渣清理干净，各个滤网浸泡清洗一遍。仔细检查机体是否松动、连接部分是否牢固、螺丝是否紧固，将植保无人机调整至最佳状态（图4-2）。另外，准备好易损件的配件，备好足够的周转电池，以免忙碌的时候因购买配件耽误了作业时间。

图4-2　植保无人机的保养

4.1.2　学习植保、农药知识

植保作业是一项综合的工作，要提前学习的东西很多。飞防队不仅要掌握植保无人机本身的操作及相关事项，还要了解作物植保、农药的相关知识。了解植保、农药相关知识对于提升整个队伍的专业知识、作业效率、作业效果都有很大的帮助。与种植户打交道，不能只和他们谈飞机。他们不懂飞机，只懂农药，只想知道喷完的药有没有效果。不同作物打什么农药？各类病虫害用什么农药来治？农药怎么配制效果好？农药的最佳喷洒时间和温度是什么？如果想做一名职业飞防人，这些问题，都要了解清楚。作业季来临时，更要多加总结与学习。

4.1.3　掌握准备作业区域的植保时间

我国幅员辽阔，地大物博，每个地区的主要作物种类、植保时间都不尽相同。植保队需要提前做好功课，了解作业区域作物及植保时间，以避免过早到达造成损失或者过晚到达错失植保订单。

4.1.4 充分挖掘本地市场

深耕本地市场植保服务是最理想的，因为这样的成本是最低的，效率却是最高的，更便于提供服务。本地订单少，可能是之前种植户的接受程度低，而随着市场的普及化，本地的订单会逐渐增加。所以，应充分挖掘好本地及周边市场，提前做好飞防演示。(图4–3)

图4–3 植保无人机作业展示

4.1.5 作业前的准备

1. 作业区块要求

(1) 作业区块及周边应避免有影响飞行安全的林木、高压线塔、电线、电杆等障碍物。

(2) 作业区块及周边应有适合植保无人机起落的场地和飞行航线。

(3) 国家规定的禁飞区域禁止飞行。

2. 操控人员的要求

(1) 操控人员必须获得相关机构颁发的操作证书。

(2) 操控人员不能在酒后及身体不适状态下操控植保无人机，对农药有过敏情况者也不能操控植保无人机。

3. 农药要求

根据农作物要求，选择符合相关标准规定、适合植保无人机要求的高效低毒农药。

4. 气象条件

（1）作业前应查询作业区块的气象信息，包括温度、湿度、风向、风速等气象信息。

（2）雷雨天气禁止作业。

（3）风力大于3级或室外温度超过30℃时，禁止作业。

5. 确定作业方案

（1）根据作业区地理情况，设置农业植保无人机的飞行高度、速度、喷幅宽度、喷雾流量等参数。

（2）根据作业区农作物及病虫害情况、农药使用说明或咨询当地农业植保部门的情况，确定药品、药量以及配药标准。

（3）制订突发情况的处理预案，如确定植保无人机发生故障的紧急迫降点等（必须远离人群）。

6. 附属设备准备

（1）植保无人机必须按照标准生产，具有企业的产品合格证。

（2）根据使用说明书要求检查农业植保无人机的完整性及辅助设备是否齐全。

（3）操控人员做好植保无人机各项检查，确保植保无人机处于正常状态，严禁植保无人机带病作业。

（4）检查电池电量或燃料量、飞行信号灯状态。

（5）调试对讲机，检查辅助人员在作业区最远处通信是否正常，确保操控人员作业时沟通顺畅。

（6）操控人员对植保无人机首先进行不喷农药的模拟飞行，模拟飞行正常后才可以进行作业飞行。

4.1.6　飞行前检查

（1）保持桨叶外观完整、干净、无附着物。

（2）检查螺旋桨螺丝有无松动、扭动机臂有无晃动、喷头螺丝和脚架螺丝有无松动。

（3）怠速测试，检查电机、电机轴承是否工作正常，桨叶转向是否正常（1号、3号桨叶逆时针转动，2号、4号桨叶顺时针转动）。

（4）喷洒系统自检，无报错。

（5）无人机进入实时动态（Real-Time Kinematic，RTK）的状态，航向精度2°以内，搜星数为16颗以上。

4.1.7 植保无人机作业环境的选择

植保无人机开展植保作业时，还要充分考虑无人机的作业环境。一般农林作业环境较为复杂，植保无人机系统在研发之初也考虑了众多环境的因素，可适应许多的作业环境，但为保证其作业效率和使用寿命，植保无人机作业环境的选择也尤为重要。下面介绍植保无人机作业环境的选择要点：

1. 天气因素

植保无人机在作业的过程中，天气是需要考虑的第一要素。恶劣的天气环境会影响植保无人机的正常飞行及作业效果。雨天飞行时，一定要注意，风力若大于3级则严禁作业，不然很可能会出现一些安全事故。

2. 地理因素

地理环境也是植保无人机作业过程需要考虑到的，在作业的过程中要满足以下几个地理因素：

（1）田块周界外10 m范围内无人员居住的房舍。

（2）田块周界外10 m范围内无防护林、高压线塔、电杆等障碍物。

（3）田块中间无影响飞行安全的障碍物或影响飞行视线的障碍物。

（4）田块周界外或田块中间有合适飞机的起落点。

（5）作物高度应低于操作人员的视线，操作人员能够观察到飞机飞行姿态。

（6）田块间应有适合操控人员行走的道路。

3. 围观人员

村民对无人机比较好奇，每到一个地方打药总会引起围观，这对操作人员产生很大的影响和压力。如果植保无人机失控，很容易伤人。所以植保无人机作业时，非操作人员禁止进入田地周围20 m内，确保良好的喷洒环境。

4.2 植保作业的实施操作

植保无人机由于具有作业效率高，有效节省农药使用量，旋翼产生的向下气流增加了雾流对作物的穿透性，防治效果好，省时省力等优势，已深受农户的欢迎。植保无人机不同于走地式植保机，它是在作物叶尖上作业，操作难度较大，稍有操作不当，就会造成机器损坏，甚至造成人员伤害。所以，操作人员必须掌握机器的操作规程，严格按照规程操作，避免事故的发生，确保高质量、高效率的工作。

4.2.1　植保作业的实施

1. 植保无人机作业的流程

（1）操作人员在每次启动植保无人机前必须对其各部位进行例行检查，按照从前到后、从上到下、从外到内的顺序，检查完毕确认无误后方可启动操作。

（2）根据作业区地理情况，设置植保无人机的飞行高度、速度、喷幅、流量等参数。若遇雷雨天气、风力大于3级或室外温度超过30℃的天气，禁止作业。

（3）飞防队要做好植保无人机转场、更换电池和配药、加药等工作。

（4）当植保无人机出现紧急状况时，应将无人机以最快方式飞离人群，并尽快降落或迫降。

（5）飞行完毕后要对机身、旋翼、起落架、喷洒系统等进行清理，同时检查植保无人机各主要部件的螺丝是否牢固，活动部件晃动量是否过大，推杆是否牢固，机身是否有明显裂缝等。作业完成后，做好植保无人机以及对讲机、遥控器、充电器、电池等相关附件的整理与归类。

（6）飞行完毕后，把药瓶、药箱、残留药液以及其他废弃物等整理与归类，做好回收处理工作。

2. 植保无人机作业的飞行要求

（1）飞行作业高度要低。飞行作业高度应离作物叶尖2 m左右。

（2）飞行作业直线度要高。植保无人机作业必须保持直线飞行，以确保不漏喷、不重喷。

（3）飞行作业速度要均匀。植保无人机作业效果与飞行速度关系密切，切不可过快，应慢速匀速飞行，一般应保持在46 m/s的匀速飞行速度作业。

（4）飞行作业距离要确定。无人机的一个起落最好是飞行一个往返，回到起点换电池和加药，应根据田块大小确定飞行距离。

（5）确定起降地点。植保无人机飞行作业要选好起降地点，起降地点要平，地面要实，以防起降时损坏机器。

3. 植保无人机飞行安全注意事项

（1）飞行时要远离人群，不允许田间及周围20 m内有人时作业。

（2）操作无人机之前，要检查无人机的电池和遥控器的电池电量是否充足，应保证电池电量充足时工作。

(3) 垂直飞行要远离障碍物10 m以上，平行飞行要远离障碍物5 m以上。

(4) 在每次飞行前应先对对讲机进行测试，测试信号的强弱和语音的清晰程度。

(5) 植保无人机飞行时要离操控人员10 m以上距离，机头不要正对自己或他人。

(6) 严禁在雨天或有闪电的天气下飞行。

(7) 一定要保持无人机在自己的视线范围内飞行。

(8) 随时注意观察喷头喷雾状态，发现有堵塞的情况要及时更换，并将更换下来的喷头浸泡在清水中，以免凝结。

(9) 严禁酒后操作植保无人机，严禁在人头上乱飞，飞行时要远离高压线。

(10) 主副操控人员交换操作时，应将遥控器模式由个人状态恢复到原始状态，并将植保无人机的现时状态交代清楚。

(11) 如遥控器放置地面时，注意应平放，不要竖放。竖放时可能会被风吹倒，易造成油门杆被意外拉高，引起动力系统的改变，造成危害。

4.2.2 植保作业的管理

1. 作业现场管理

无人机在作业前务必清理作业现场、无关人员退至安全区域，以免出现事故时伤人(图4–4)。作业地有其他人员作业时严禁操控飞行。起降飞行应远离障碍物5 m以上，平

图4–4 无人机作业现场

行飞行应远离障碍物10 m以上并作相应减速飞行。在周围1亩范围无安全降落点的田块内不能进行作业。

2. 操作人员基本要求

操作人员上岗前必须获得相关机构颁布的操作证书。操作员在酒后、睡眠不足、生病时禁止操作，孕妇、未满18周岁、未获得资质证书人员禁止操作；操作员不能穿容易卷入部件的宽松衣服作业。

3. 操作人员装备及防护

操作人员应佩戴口罩、安全帽、防眩光眼镜，身穿反光工作服并严禁穿拖鞋，且在上风处和背对阳光操作（图4–5）；操控人员应与植保无人机保持5 m以上安全距离；作业过程中操控人员应关闭与作业无关的其他有电磁干扰的设备；操控人员使用对讲机通话必须简洁、明确，并且重复两次以上；地面近距离操作维护保养时，必须切断动力电源，避免意外启动，防止发生事故。

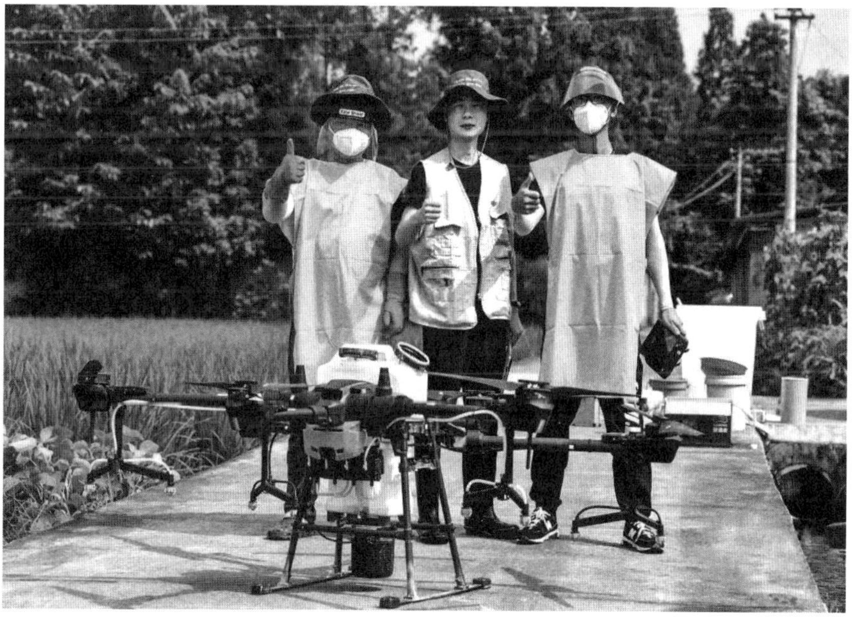

图4–5　操作人员装备及防护

操作人员须做好现场农药配置时的安全防护（图4–6）。根据农作物及病虫害情况、农药使用说明或咨询当地农业植保部门，确定药品、药量及配药标准。根据农作物要求，选择符合相关标准规定、适合植保无人机要求的高效低毒农药。

图4-6　农药配备时的防护

4. 电池安全与管理

处理无人机电池具有危险性，如果处理不当，可能会发生爆炸。据统计，2012—2018年所有与电子相关的事故中，有100个送往急诊室的记录，超过200个人涉及无人机电池故障。最常用的电池是锂聚合物电池，它的功能类似于锂离子电池，尺寸虽小却可以存储大量的能量。下面将讨论这类电池可能存在的危险，如何正确日常护理这类电池以获得更好的性能并减少电池故障。

电池充电：充电时，电池可能因为过热，在某些情况下着火。美国消费者产品安全委员会指出，超过一半的无人机电池事故发生在电池充电时。通常，越便宜的品牌和低品质的电池越容易着火。根据格雷格·方克（Cadex Electronics的产品线经理）的说法，不应该让电池充电太长时间，特别是一整夜。他还建议在户外充电，这样不会造成更多的损伤，并且在开放环境中更易于毒气飘散。请勿将电池放置于阳光下或潮湿的环境中，它们可能会因过热而造成危险。电池充电时，可采取一些措施，如在煤渣块里给电池充电，在附近准备一桶沙子用来防火灾等。

电池储存：特别要注意的是，在存放电池之前要先将电池电量耗尽。将其于室温或接近室温及远离任何潜在火灾的地方。部分生产厂商建议，如果电池存放10天或更长时间，需要在存放前将电池放电至40%～60%，这有助于减轻压力并延长电池寿命。

电池运输：运输时，了解监控充电和电池存放情况，确保电池在运输过程中不会相互碰撞。

正确使用电池：大多数电池都有飞行温度范围，切忌超过温度范围。为了维持电池的寿命，请将其保持在飞行温度范围内。例如，厂商建议将温度保持在10~40℃。另外，请勿将电池放电过快，否则可能会造成危险，尤其是在无人机全速飞行的情况下。

检查电池：在使用前后，对电池进行适当的检查非常重要。如果有问题，须寻找电池损坏或膨胀之处然后处理，也可能电池内部存在无法看到的内部损坏。因此，最好使用诸如HobbyKing HK-010等类型的分析仪，来查看电池的读数并检测情况。电池应在其标记的电压下保持平衡，如果电池的平衡差异为0.1 V或更高，那么电池在充电时效率最高、最节能，也更有效。

处理损坏的电池：为了妥善处置损坏电池，应该联系所在国家或地区的危险废物处置中心。在处理电池之前，请务必将其完全放电，以免在此过程中发生危险。

挑选合适的电池：第一步是获得合适的电池，以减少以后损坏的风险。通常低价的电池是由劣质材料制成，并且在充电、放电或无人机坠毁时有更高的着火概率，因此，应该购买经过认证并具有安全功能的电池。例如，寻找符合IEC-62133（或同等标准）和UN38.3认证的电池；又如，寻找硬塑料外壳和其他耐用性功能强的电池。

选择正确的电池充电器：选择正确的充电器很重要。尝试选择可编程电池充电器，虽然价格较贵，但是电池和人身的安全可以得到有效保障。这样的充电器可以更有效地检查电池的正常充电和放电情况，并执行电池管理任务。此外，电池与充电器最好选择为同一制造商生产的。

4.3 植保作业的检查

4.3.1 整理装备

作业完成后，做好植保无人机以及对讲机、遥控器、风速仪、充电器、电池等相关附件的整理与归类。

4.3.2 清洁检查

排净药箱内的残留药剂不得污染环境，清洗喷头和滤网以及所有配药器具，保证无残留物附着，燃油机须排空剩余燃料。植保无人机的运动部件要涂防锈和润滑油，并检查和紧固螺丝。

4.3.3 电池充电与存放

电池的充电与使用须按照电池的相关标准执行。作业完成后，应按要求分类、整理、摆放电池，并在电池防爆箱内标注使用和未使用情况。

4.3.4 贮存

检查完毕后，应将植保无人机及辅助设备安全运回存放地存放。

4.3.5 维护

在完成飞行作业后，除了做好日常检查工作外，还需重点对药箱进行清洗。因为农药具有腐蚀性，会对设备造成侵蚀导致使用寿命缩短。建议每次作业完毕后及时对设备进行清洗，步骤如下：

（1）药箱装入肥皂水或皂粉水，手动开启喷洒，清洗喷洒系统里的残留农药。

（2）药箱更换清水，手动开启喷洒，清洗喷洒系统里的残留肥皂水或皂粉水。

（3）放置空药箱手动开启喷洒，直到管路里的水全部排干净，避免残留的液体在运输或存放的过程中流出，对其他物品造成损坏。

（4）湿抹布拧干后，擦拭无人机表面，除去药渍与附着的泥土。

注意：对于转场或长时间不使用的无人机，需要放空药箱、排干净管路里液体（具体操作参照第3步)。灌药机同样按以上步骤操作。

第5章　植保无人机维修保养

5.1　植保无人机保养

为了保证飞行安全，保持植保无人机的最佳工作状态及延长使用寿命，在日常保养、储存放置与作业前后检查等方面都要多加注意。

5.1.1　动力系统的检查

动力系统（图5–1）作为植保无人机的核心，在作业过程中一旦出现故障，往往损失惨重，因此只有保持动力系统设备的良好状态，才能提高飞防团队整体收益的关键。

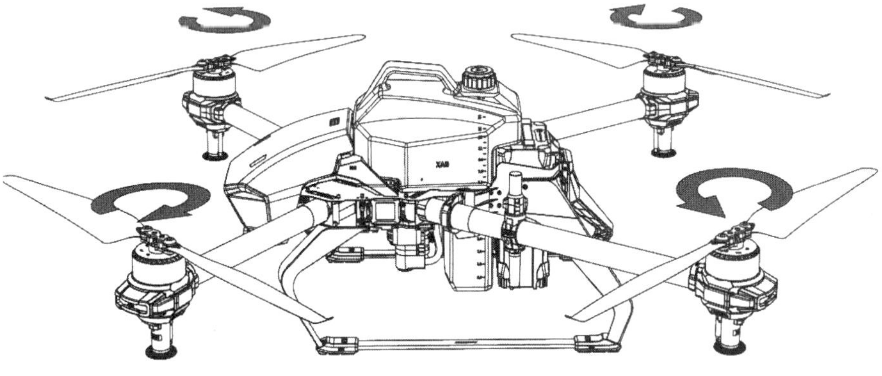

图5–1　植保无人机动力系统图

1. 螺旋桨

螺旋桨是农业植保无人机消耗最快的配件，在大部分的飞行事故当中都有可能使螺旋桨发生断裂与破损（图5–2）。

图5–2 植保无人机螺旋桨断裂破损图

检查桨叶外观是否有弯折、破损、裂缝等，如有出现此类问题的螺旋桨，请立即弃用。螺旋桨常见故障及处理办法见表5–1所列。

表5-1 螺旋桨常见故障及处理办法

问题	表现	处理
螺旋桨与机臂属性不一致	无人机未起飞就侧翻，或者空中自旋	每次更换桨叶必须反复检查螺旋桨和机臂的属性，更换桨叶后进行试飞，轻微拨动遥控器摇杆观察无人机桨叶状态，确定无误后再推大油门
螺旋桨叶残缺	无人机振动加大，操作迟钝、失灵，影响无人机安全	发现桨叶有裂纹、残缺立刻成对更换桨叶
螺旋桨叶垂直、上下方向的晃动	拨动桨叶可轻易发生垂直、上下方向晃动	定时检查桨叶螺丝，应用高强度的螺丝胶锁紧

2. 机身、机臂

检查无人机机身螺丝是否出现松动，机身、机臂是否出现裂痕、破损，如有裂痕、破损，请寄回检测维修。检查无人机降落缓冲脚架是否有松动、破损，如有问题，请联系售后进行检查维修。

3. 电机

电机是植保无人机动力系统的核心部件，是无人机提供升力的核心部件之一（图5–3）。

图5-3　植保无人机的电机

植保无人机的电机工作环境恶劣，疲劳操作、水雾、药液附着是其损坏的重要因素。因此，电机的日常维护检查就尤为重要，要及时的发现设备的异常状态，及时进行处理。电机常见故障及处理办法见表5-2所列。

表5-2　电机常见故障及处理办法

常见故障	故障表现	解决方法
粉尘的堆积	电机电路接触不良、短路，转轴阻力大	用毛刷和吹风机清除粉尘
电机进水进液导致电机损坏	轴承损坏，电机旋转有杂音，阻力较大	根据不同的问题决定电机维修还是换新
电机发生过撞击，动平衡破坏	卸掉螺旋桨之后，电机旋转产生的振动明显大于正常电机	及时更换相同规格的新电机
电机转向错误	飞行器起飞就侧翻，或者起飞后在空中高速旋转	当发现电机转向错误，调换电机的任意两根线即可反向

注意事项：

（1）每天作业完毕后用湿抹布清洁电机外表，去除附着的农药。一般不能用流水或者水管直接冲洗电机，以免电机内部进水损坏。定时检查电机动平衡是否良好。

（2）如果植保无人机在悬停时出现无故侧倾或无法顺利降落，则有可能是电机出了问题。先尝试重新校正机身后再起飞，若仍然出现问题，则一定要及时送厂检修，避免出现电机停转导致无人机失控甚至坠毁。无人机飞行前确认电机与螺旋桨固定，飞行后及时检查清理电机是否藏纳污垢。在拆卸前，要用压缩空气吹净电机表面灰尘，并将表面污垢擦拭干净。

（3）选择电机拆卸的工作地点，清理现场环境。先熟悉电机结构特点和检修技术要求，再准备好拆卸所需的工具（包括专用工具）和设备。为了进一步了解电机运行中的缺陷，有条件时可在拆卸前做一次检查试验。将电机带着螺旋桨试转，详细检查电机各部分温度、声音、振动等情况，并测试电压、电流、转速等；然后再卸下螺旋桨，单独做一次空载检查试验，测出空载电流和空载损耗，并做好记录。

5.1.2　电力系统的检查

1. 电池

电池是植保无人机核心动力来源，植保无人机对于电池的性能要求特别高，目前绝大多数植保无人机电池都采用聚合物锂离子电池。由于植保无人机工作的特点，其电池电压下降非常快，控制不好就容易导致过放，轻则损伤电池，重则电压太低造成炸机。植保无人机电池过放，对电池寿命损害非常大，因此要格外注重对电池的日常保养。

（1）正确保养植保无人机电池

定期检查电池主体、把手、线材、电源插头，观察外观是否受损、变形腐蚀、破皮，以及插头与无人机的接插是否松动。每次作业结束，须用干布擦拭电池表面及电源插头，确保没有农药残留，以免腐蚀电池。飞行结束后电池温度较高，须待飞行电池温度降至40℃以下再对其充电（飞行电池充电最佳温度范围为5～40℃）。作业结束后，建议对电池进行慢充。电池保养在冬夏两季要特别注意。

① 冬季：在北方或高海拔地区常会有低温天气出现，此时电池如长时间在外放置，它的放电性能会大大降低，如果还要以常温状态的飞行时间去飞，那一定会出问题。因为在低温环境，电池电压下降会非常快，报警一响植保无人机便会立即降落。此时，要给电池做保温处理，在起飞之前电池要保存在温暖的环境中，起飞前快速安装电池，并执行飞行任务。在低温飞行时尽量将时间缩短到常温状态的一半，以保证安全飞行。放电后对电池采取有效的保温措施（如使用保温箱保存），以确保电池的温度保持在5℃以上。低温环境下电池的续航时间会有明显的缩短，出现低电量报警后，须立即返回降落。

② 夏季：户外高温放电后或高温下取回电池最好不要立即进行充电，待电池表面温度下降后在对其进行充电，这样可以大大延长电池的寿命。夏季气温比较高，禁止将电池放置在阳光下暴晒。

（2）电池不过充

有些充电器在充满以后的断电功能不完善，导致单片电池充满到4.2 V还没有停止充电。另外，有些充电器使用一段时间后，因为元器件老化，也容易出现充满不停止的问题。电池过充，轻则影响电池寿命，重则直接出现起火爆炸。所以防止电池过充，应注意以下几点：

① 使用原厂专用的充电器。植保无人机专用充电器具备充电和保养功能，拥有过压、过充、过流等多重充电保护，操作简单，一体化设计，转场方便。

② 准确设置电池组的电池单体个数。刚刚开始充电时，必须仔细观察充电器的显示屏，在上面会显示电池组的电池个数。如果不清楚，就不应当充电。

③ 新电池组第一次充电时，应检查电池组每个电池单体的电压。

④ 无人照看时不要充电，充电时一定要按照电池规定的充电C数或更低的C数进行充电，不可超过规定充电电流。

（3）电池日常使用注意事项

① 用户应在植保无人机使用前充电。若无人机充电后未起飞，充满后3天内应将电池放电到存储电量。如10天及以上未使用电池，应需要在存放前将电池放电至40%～60%，这样可延长电池寿命。

② 电池安全放置，轻拿轻放。

③ 低温气候时，在起飞前要给电池做保温处理，将电池保存在温暖的环境中，比如房屋内、车内、保温箱内等。要起飞时快速安装电池，并进行飞行。

④ 电池安全运输。电池最怕磕碰和摩擦，运输磕碰可能引起电池外部均衡线短路，而短路会直接导致电池打火或者起火爆炸，所以长途运输应把电池放置在专用电池防爆箱内。

⑤ 远离农药，防止电池腐蚀。作业中的药水对电池有一定腐蚀性，外部防护不到位也会对电池造成腐蚀。

2. 电调

植保无人机电调在机身内部，日常无法接触。使用者须注意以下几点：

（1）在使用全新的无刷电子调速器之前，请仔细检查各个连接是否正确、可靠（此时请勿连接电池）。

（2）使用过程中电调的状态取决于机组各部分的相互配合，有利于电调的维护。

（3）将遥控器油门摇杆推至最低位置，接通遥控器电源，为了让电调适应遥控器油门行程，在首次使用本电调或更换其他遥控器使用时，均应重新设定油门行程，以获得最佳的油门线性。

（4）将电池组接上无刷电子调速器，调速器开始自检，系统准备就绪后，推动油门启动电机。若无任何反应，请检查电池是否完好，电池连线是否可靠。通电后如果电机无法启动，无任何声音，可能原因是电源接触不良，需要重新插好接头或更换接头；电机反转可能原因是电调输出线和电机线连接的线序错误，需要将三根输出线中的任意两根对调。

（5）随机性的重新启动和工作状态失常可能原因是使用环境中具有极强烈的电磁干扰，电调的正常功能受到强烈电磁波的干扰。

（6）当推油门进行启动时，如在两秒内未能正常启动电机，电调将会关闭电机，油门摇杆再次置于最低点后，可以重新启动（出现这种情况的原因可能有电调和电机连线接触不良或有个别输出线断开、螺旋桨被其他物体阻挡、减速齿卡死等）。

（7）当电调工作温度超过110℃时，电调会降低输出功率进行保护，但不会将输出功率全部关闭，最多降到全功率的40%，以保证电机安全。

5.1.3 控制系统的检查

1. 遥控器

（1）切忌在潮湿、高温、多灰尘的环境中使用。潮湿的空气极易腐蚀内部电路，出现问题很难修复，只能选择更换新的产品。而在高温的工作环境里，遥控器的塑料外壳与内部电子元器件都会加速老化。

（2）避免让遥控器受到强烈的震动或从高处跌落，以免影响内部构件的精度。

（3）注意检查遥控器天线是否有损伤，遥控器的挂带是否牢固以及与无人机连接是否正常。

（4）随着使用时间的增加，遥控器表面难免会出现污损等情况，因此为了延长遥控器的使用时限，也需要对遥控器进行清洁。

（5）如果长时间不使用，要及时把内部的电池取出，防止长时间搁置，导致内部电池液渗出，以至于污染遥控器的电池仓，对遥控器电源触头造成锈蚀。

（6）运输时应将天线折叠，避免天线折断。

（7）如遇摇杆未在中立点，须对摇杆进行校正。飞行之前必须对遥控器的摇杆模式做到熟记于心，避免摇杆模式错误（摇杆模式错误，将导致无人机产生撞机、侧翻等风险）。在摇杆模式更改后，须养成压杆确认摇杆模式无误再起飞的良好习惯。

（8）遥控器内部电子元器件十分精密，所以不能直接使用清水来清理表面的污垢。而一些有耐磨镀层的遥控器也不得使用汽油或者酸性、碱性的清洁剂来保养。可以在遥控器表面均匀包裹快干胶，待其干燥之后就可以揭下，这样吸附在表面的污垢等就可以清理下来了。

2. 传感器

一般植保无人机传感器（图5–4）置于机体内部，日常无须特意维护保养。但对于部分外置传感器（为了获得更好的测量效果），需要定期进行维护与保养。维护与保养主要包含传感器的清洗，检查传感器是否有损坏以及定期的校准。

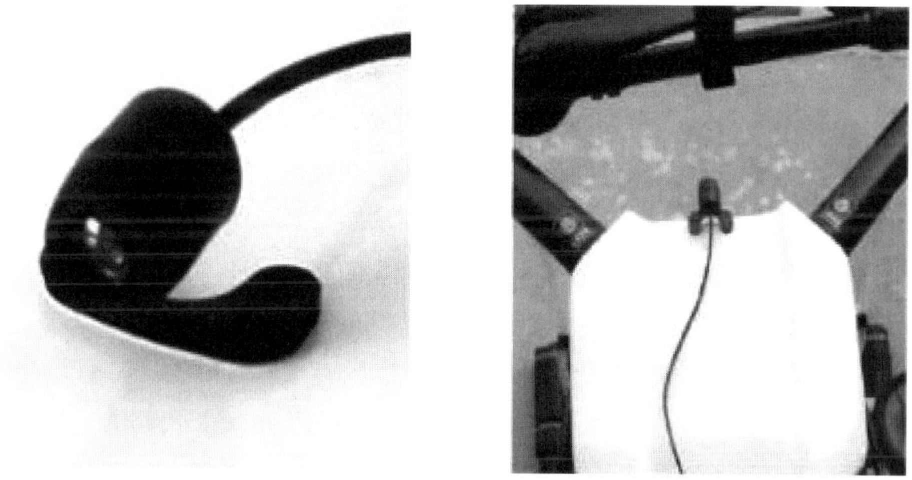

图5–4　植保无人机的传感器

建议每隔一段时间（一般为3个月，视现场环境而定）对传感器进行清洗，以保证测量的准确性。用水流清洗传感器的外表面，如果仍有碎屑残留，可用湿的软布进行擦拭。检查传感器外观是否有破损，如有破损要及时联系售后维修中心更换，防止因为破损而导致传感器进水产生故障。

不使用时，应盖上产品自带的保护帽，避免阳光直射或暴晒。长时间保存前，应先将传感部位清洗干净，再将设备放在运送箱内或具有防电击功能的塑料容器内，避免其他硬物接触而刮花传感器。

5.1.4 喷洒系统的检查

1. 水泵

植保无人机的水泵应保持设备清洁、干燥、无油污、不泄漏。

每天检查水泵的运行声音是否正常，发现问题应及时处理，严禁水泵在药桶中的液体被抽空的状态下工作。

水泵内严禁混入金属物体以及胶皮、棉纱、塑料布之类柔性物质，以免破坏水泵的过流部件及堵塞叶轮流道，使水泵不能正常工作。定期检查水泵进、出水管路系统支撑机构（管件、阀门）是否有松动，要确保支撑机构牢靠，泵体不承受支撑力。水泵长时间不用时，应将水泵拆开，做好防锈处理后重新装好，妥善保存，以备下次再用。

水管路必须保证高度的密封，检查水泵及水管路的连接处是否有松动的现象。尽量控制水泵的流量和扬程在注明的范围内，保证水泵高效运转，才能获得最大的节能效果。如果水泵长期停用，须将水泵内部水分全部处理干净（可用吹风机、干抹布等工具），放在通风干燥处。若水泵的表面受损脱漆，应及时清除锈迹，涂抹防锈漆加以保护。

2. 滤网

滤网（图5–5）的作用是对药箱里面体积较大的药物进行过滤，防止喷头堵塞，影响喷洒效率。在每次使用完之后，应该用水浸泡，用刷子刷去滤网表面的残留物。滤网属于易损物品，须准备多个，以备紧急情况使用。

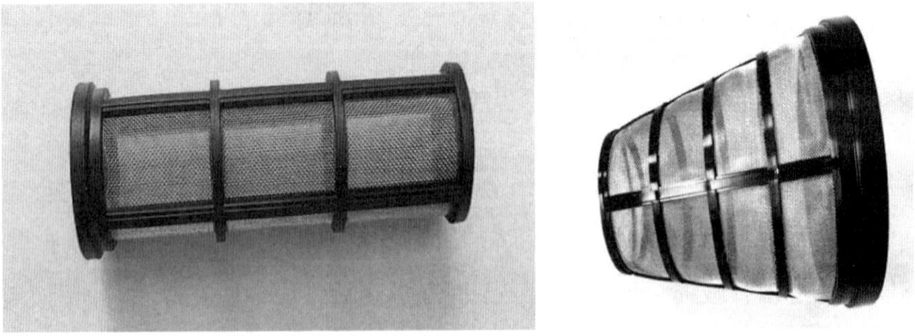

图5–5　植保无人机的滤网

3. 喷头

在日常农事活动中，植保无人机在病虫害防治中用得越来越多。而因药液问题导致如图5–6所示的喷头堵塞也让操作人员头痛不已，喷头堵塞严重影响了作业效率和作业效果。

长时间的作业会使喷头的滤网外层形成一层黏黏的药膜（尤其是粉剂），阻挡药液的喷洒，所以要勤清洗。解压阀部位也会有药剂沉淀，药箱每次作业完都要第一时间反复清洗，这样既不会影响下次喷药质量，也能把药箱的沉淀物清洗掉，避免堵塞。

图5–6　植保无人机的喷头

为防止氧化，喷头的插口不能用手摸。安装时，喷头插口须对准，不能硬插。如果接触不好，喷头就不能正常工作。喷头前面的喷嘴由特殊物质制成，在喷头保存、装卸、清洗、浸泡时要小心处理。喷头的堵塞一般都是长期积累的结果，用户在使用时一定要时刻保持喷头的畅通状态。正在使用的喷头要定期进行彻底清洗，长时间不使用时可将喷头拆下，用水浸泡一段时间后保存。

① 简单清洗：可用软毛刷等蘸喷头清洗液将喷嘴外的残留物刷掉，再用吸尘器将喷头内的残留液吸出，使喷嘴畅通。

② 中度清洗：清洗前先将带清洗管的注射器吸满清洗液；清洗时，先拔下墨管，然后将清洗管插入喷头进药口中，使带有压力的清洗液从进药管进入喷头，直至喷头内的残留物被冲干净。

③ 深度清洗：喷嘴堵塞严重的喷头必须拆下彻底清洗，可长时间浸泡（溶解喷嘴内凝结的药液），或用超声波清洗机清洗（注意清洗时间不能太长），也可直接交给专业清洗喷头的单位处理。

4. 药箱

药箱（图5–7）是系统中接触农药最多的组件，首先需要保持泄气阀清洁畅通，同时药箱接口需要保持清洁，保证伸缩管弹性正常。每天作业完毕应往药箱灌入清水，开启水泵，以冲洗整个喷洒系统。因为使用的药剂类型不同，所以一定要避免药箱混用。

图5-7　植保无人机的药箱

图5-8　植保无人机的橡胶管

5. 橡胶制品

橡胶制品（图5–8）是由天然橡胶和其他合成橡胶按照比例制成的。橡胶制品时间长了会氧化腐蚀，其接头制品中含有挥发物质，无论是在潮湿环境中，还是在干燥环境中，都会缩减它的寿命。

使用或储存橡胶接头，应避免高温、臭氧、油类及酸碱环境，严禁暴晒、雨淋、风蚀。接头表面严禁刷漆和缠绕保温材料。因橡胶制品存在老化问题，应及时检查更换。

5.2　植保无人机整体日常维护与保养规范

5.2.1　植保无人机的维护周期及要点

1. 整机清洁

周期：作业期间必须每天清洁，非作业期间可每周清洁一次。

要点：该项目主要指机身主体（图5–9）的清洁工作，如大桨、尾桨、机身板、尾杆、外露轴承的清洁工作。外露轴承建议涂上润滑脂，以达到润滑、防锈、防腐蚀的目的。清洁过程中注意观察大桨、尾桨和尾杆的完整度，是否出现膨胀、开裂等情况，机身板上的固定螺丝是否有松脱等现象。定时检查动力系统部件工作是否正常，在查出相关隐患后须及时清除（将清水倒入药箱，开启水泵冲洗整个喷雾系统，并重复2～3次）。

图5-9　植保无人机整机

2. 喷洒系统清洁、检查

周期：作业期间每天要检查确认，非作业期间可每周检查确认。

要点：检查水泵、喷头是否堵塞，管路是否畅通。

3. 电池检查

周期：作业期间每天要检查确认，非作业期间可每周检查确认。

要点：检查电池电线是否破损，电池是否有膨胀，电压是否正常。

4. 遥控器清洁检查

周期：作业期间每天要检查确认，非作业期间可每周检查确认。

要点：注意防潮、防尘、防暴晒，有条件的话可以用风枪吹干净；检查各个操纵杆、按键是否正常工作。

5. 存放点检查

周期：作业期间每天要检查确认，非作业期间可每周检查确认。

要点：机身存放点须注意防火、防潮、防尘、防暴晒，远离可能形成线路漏电场所。电池和遥控器建议存放在单独的箱子里，箱子的存放点也须注意防火、防潮、防暴晒，远离可能形成线路漏电的场所。

6. 线路检查

周期：作业期间建议每周检查。

要点：检查线路是否破损及受药水腐蚀状况。

植保无人机属于精密器械，任何部件的微小变动都会影响其飞行状态和使用寿命。因此，不仅在其使用、转运和存放的过程中应该小心谨慎，日常的保养工作也是非常重要，甚至在很大程度上决定了其使用寿命。

5.2.2 植保无人机的例行检查

在农田中进行植保作业，经常接触沙尘及多种腐蚀性药物。为了保证无人机及相关设备的正常使用，需要在每次使用后进行清洁和保养。无人机桨叶、电机、药箱、水泵是日常维护保养的重点。

（1）检查机体框架结构是否牢固，机臂及脚架是否完好，螺旋桨有无破损、是否存在裂纹。

（2）查看电机有无异响、卡转的现象，检查轴承是否晃动、有无虚位。

（3）无人机与药箱的连接插口需保持洁净，检查电池插口有无变形、是否牢固。检查流量计是否正常，拆开检查叶轮是否完好、有无被腐蚀现象。

（4）检查电调线及外部线缆连接是否正常、有无破损。

（5）检查喷洒系统管道有无腐蚀破损情况。

（6）喷头需要时刻保持清洁。

（7）检查无人机喷洒系统。

由于无人机长时间使用后，药物的残留和腐蚀使得实际的流量与测试流量不一致，此时需要进行检测。在药箱内装入多于1 L的清水，在校准的喷头下面放置一个大于1 L的量杯；设置喷洒1 L药液，启动水泵开始喷洒，喷洒完成后，观察喷出水量是否是1 L以验证流量计的准确性。

5.2.3 植保无人机的常规保养

植保无人机及相关附属产品在环境复杂的田间地头作业，灰尘、药液、露水等外在的因素对产品性能带来影响，需要及时维护保养设备，清洗擦拭、润滑涂油、检查校准、更换易损件等，保证设备工作时处于最佳状态和延长产品使用寿命。

首先从植保无人机的机身来说，多旋翼无人机机身采用强度高、重量轻、耐腐蚀的碳纤维和铝合金等材料组成，在飞防作业时喷洒的药液和田间的灰尘会吸附在机身上，作业后需要及时用抹布擦拭机身上的药液。可避免长期积累，在机身上形成刺鼻的农药，若搬移设备时接触了农药，进而损害身体健康。

其次是与药液直接接触的喷洒系统，包括药箱、管路、隔膜泵、喷头、喷嘴、流量计等。农药属于化学制剂，对金属、塑料有一定的腐蚀性，作业结束后及时用清水冲洗喷洒系统中的药液，直到清水流出；在清水中用毛刷刷洗喷嘴，若喷洒有吸附性的除草剂、生长调节剂时，用含有洗衣粉的温水浸泡后再反复清洗。定期检查，及时更换喷嘴和流量计。

智能电池配备专门智能平衡充电器，其充电功率较高（额定功率在1000 W左右）、电流较大，选用插座时要考虑电流承载能力，一般农村家用电线能够承载四个充电器同时使用。插头的保养一般容易被忽视，常常出现插头发黑、打电火花等情况。植保无人机上的插头具有防打火功能，出现上述情况说明插头的表层绝缘涂料磨损，所以在飞防作业过程中要及时反复用毛刷清理插头的灰尘。

5.2.4　植保无人机的快速保养流程

1. 清洗外观

飞防植保作业环境复杂，设备外表会黏附大量的药液和灰尘，及时清洗避免腐蚀组件，影响正常工作。

2. 结构检查

植保无人机机体震动较为强烈，检查螺栓、卡扣、铆钉等连接部位，如有磨损、损坏、松动、滑丝、生锈等情况及时涂油或者更换。

3. 易损件更换

农药有不同程度的腐蚀性，与农药接触的部分（管道、转接头、喷嘴、流量计、液位计等）要及时检查和更换。

4. 养护存放

植保无人机及附属产品有电子元件，需要放在干燥通风的地方。智能电池应保证60%的电量储存，每三个月要充放电激活电池。

5. 飞行平台机体部分保养

（1）每次使用完毕后用清水将无人机的桨、电机、机架清洗干净（切记勿将水撒到飞控、电调和插头及其他电子元件上）。

（2）搬抬植保无人机时，应抬大臂而非小臂，否则有可能损害机身。

（3）套筒旋紧，适度即可，不可过紧，否则有可能造成套筒破裂以及难以旋开。

（4）定时清理机身进气口过滤网，保证内外气流顺畅（清理频率依作业环境清洁度、工作频率而定，建议每季度清理一次）。

（5）使用完毕之后将整机放入航空包装箱，放在不易碰撞的地方保管。

（6）使用期间，每隔一周仔细检查各个部件以及配件是否完好。

（7）使用前和使用期间（每隔一周），仔细检查飞机机体是否松动，连接部分是否牢固，螺丝是否紧固，尤其是电机是否松动，有问题时需打螺丝胶。

（8）使用前检查机架是否变形、螺母是否有滑丝等状况。

（9）长久不用时，机架挂起来，具体视材质保存。

（10）尽量避免在沙土或者碎石等有小颗粒存在的环境下起飞。

（11）不建议在雨雪天或者雾气较大的天气使用无人机。

5.2.5 无人机的日常存放

无人机适合存放于-20～40℃的干燥环境中，同时要注意药箱中有无液体存留。在存放时，尤其是要做好如下工作：

1. 防水

无人机属于精密电子产品，水汽一旦渗入内部，可能会腐蚀内部电子元器件。在潮湿天气中飞行后，除了简单的拭擦外，还要做好干燥除湿的保养。

可以将无人机放置到电子防潮箱中，或者将无人机与干燥剂放于密封箱中进行干燥保养。

2. 防尘

沙尘对无人机的影响也非常大，尤其是电机等设备。应尽量避免从沙土或碎石地面起飞。多尘环境下飞行后，应及时清理。

3. 远离磁性物体

无人机处于强磁场中会造成指南针异常，当长时间不使用无人机时，应远离强磁场保存。

5.2.6 重点易污部件的清洁

1. 喷头堵塞清洁

（1）清洁的方法

药液有杂质、药箱缺乏定期清洁等，都是造成植保无人机喷头堵塞的原因。那么当遇到喷头堵塞，应该如何清洁呢？

用金属工具（针、刀片）清理喷头，虽说金属物品比较尖锐，更容易剔除堵塞物，但正由于尖锐的特征与金属较高的硬度，在使用金属工具进行清理时很可能会破坏喷嘴的结构，从而造成流量不准或严重影响喷洒效果的情况。当用比较软的薄纸片清理喷头时，喷头内一般是湿润的，纸片便会起毛卡在金属缝隙里，清理工作反而变得更为麻烦。因此，推荐使用牙刷进行喷头清洁。牙刷毛细，顺着金属缝隙来回刷，可以轻易伸进喷头缝隙，清洗残留在其中的药物或杂质。同时，牙刷毛质地较柔软，不会损伤喷头金属部分。

要注意的是，清洁前请先把喷头从无人机上取下，清洁时保持喷头湿润，并使用适中的力度进行清洁。清洁后可以透过光源检查，确认喷头堵塞物已被完全清理。

（2）植保无人机喷头损坏原因分析及解决方法

离心喷头（图5-10）是植保无人机喷洒系统的重要组成部分，其作用是将药液雾化喷出。若喷头出现异常或损坏，会导致无人机植保效果不佳或无法进行喷洒作业。喷头损坏的原因多样，在日常使用中，除了人为破坏、碰撞破坏等原因，以下五种原因也会导致喷头频繁损坏：

① 喷头作业一定亩数后，药液进入喷头侵染内部的润滑油，久而久之对喷头内部结构造成损害。

② 喷盘内部有农药残留，农药风干后形成结晶（类似糖水风干后形成蔗糖晶体），结晶占据喷盘内部空间。当喷洒系统开启工作时，具有腐蚀性的药液会涌上喷头电机。

③ 喷头电机连接线由于多次插拔（手中常常黏有药液或水），加速连接线插头的插针氧化变绿，导致接触不良，从而使智能手持终端报喷头电流异常或转速异常。

④ 当植保无人机发生炸机、碰撞，导致动力电机或螺旋桨偏心时，影响其动平衡，在电机及螺旋桨的高速旋转下使机臂产生异常振动。该振动不影响正常飞行，但会对喷头构成伤害。

⑤ 机臂的固定螺丝松动或其他原因导致机臂下振动异常，从而直接振坏喷头电机。

图5-10　植保无人机的喷头

（3）如何避免植保无人机喷头堵塞

在日常农事活动中，植保无人机在病

虫害防治中用得越来越多。而因药液问题导致喷头堵塞也让不少操作人员头痛不已，影响了作业效率和作业效果。可以通过以下几种方法来避免植保无人机喷头堵塞：

① 提前过滤药液。

作业经验丰富的操作人员都知道，有些药剂混合后极其浓稠，甚至产生沉淀，增加喷头被堵塞的概率，影响作业效率。如果因此发生药箱滤网被堵，还要把药剂倒回配药桶进行清洗，十分浪费时间。所以提前过滤药液很有必要，这个时候可以使用过滤网或者高密度丝袜来过滤药液，提高植保无人机作业质量和效率。过滤网要考虑到空隙不能太大也不能过密，空隙太大，没有起到很好的过滤作用，并不能保证药液杂质不会堵住喷头；空隙太小，过滤太慢又会影响效率，所以一定要使用合适的滤网最大限度地减少堵塞。

② 四个部件需要经常清洗。

药箱、喷嘴（图5–11）、滤网、解压阀需要经常清洗。长时间的作业会使滤网外层形成一圈黏黏的药膜（尤其是粉剂）阻挡药液的喷洒，需要勤清洗。解压阀部位也会有药剂沉淀，药箱每次作业完都要第一时间反复清洗，这样做首先不会影响下次喷药质量，其次也把药箱的沉淀物清洗掉，避免堵塞。

（4）喷头的选择

① 目前植保无人机喷洒系统中主要使用的喷头有两种：压力喷头和离心喷头。

② 压力喷头和离心喷头各有优劣，面对不同的作业环境和农作物，选择最佳的喷头会让作业效果事半功倍。

③ 植保无人机的喷头堵塞通常和作业时使用的药剂有一定的关系。适合植保无人机使用的航空专用药剂较少，普通药剂中有部分剂型如乳油、水剂等适合飞防作业使用。在药剂搭配上要尽量使用航空专用药剂，即使使用普通药剂也应避免选择粉剂等剂型。由于飞防作业高浓低量的使用特点，剂型选用不合适，也是导致喷头堵塞的一大原因。

图5–11　植保无人机的喷头堵塞

④ 一般情况下，两种喷头可以通用，但是在一些特殊情况下，还须根据喷头自身的优劣、使用的机型、喷洒的作物及药剂来合理选择植保喷头。加药一定要注意

过滤，滤掉大颗粒杂质（现在的植保无人机药箱都配有过滤组件）。作业时，可适当降低药液浓度，提高亩用量，虽然这样看似会降低作业效率，但是能有效降低喷头故障率，也是保障效率的一种方式。每次作业完毕时，应该清洗喷头，良好的使用养护习惯可以有效增加喷头的使用寿命。

2. 水泵的清洗

（1）清洗水泵的原因

植保无人机的水泵在使用一段时间后均需要定期的清洗。由于植保无人机水泵输送的药液有腐蚀性，药液里面还会含有颗粒类杂质或者浓稠度较大的药液，长时间使用泵体里面会产生污垢，所以需要定期清洗水泵。

（2）水泵壳体检查

清洗水泵首先将水泵壳体用气源吹扫干净，检查壳体外观，应无裂纹、划痕等明显损伤，否则应更换。检查泵壳外观，应无变形、裂纹，结合面处应光洁、无损伤、无划痕，否则应修理或更换。

（3）清洁剂的选用

将水箱加满清水，无人机供电启动喷洒系统，让无人机原地喷洒进行第一次清洗。第一次清洗完毕后，再往水箱中加入与水混合的碱性清洁剂（为什么使用碱性清洁剂？因为药物的酸碱性基本上都呈酸性，所以使用碱性清洁剂进行中和反应，强力去除残留药物）。启动飞机的喷洒系统把水箱中的清洁剂喷洒干净。接着再往水箱中加入清水清洁2～3次，清洁步骤同上。

（4）清理外部

水泵内部清理干净后，接着就要清理外部。清理外部时就要把无人机的电源切断，电池取出关闭无人机的遥控器，避免无人机在清洗外壳时遇水短路，损坏无人机，更能节约电量。外部的清洁需用到抹布、软毛刷、干布等（图5–12）。清洗外部是先用抹布蘸水擦拭，把所有的外壳擦拭一遍后，用软毛刷进行细节性的清理，一些不易清理的地方需要仔细刷几遍。全都清理过后，用清水自上而下冲洗一遍，最后用干布擦拭干净，使无人机外壳达到干燥的状态。

（5）避免水泵故障的措施

① 选择使用飞防专用药剂或适合飞防作业的普通药剂。

② 不要使用粉剂、可湿性粉剂、水分散粒剂等浓稠度大的药剂。

③ 稀释药剂时不能使用浑浊水，必须使用干净清洁水。

④ 稀释药剂时，最好采用二次稀释法。

⑤ 将配好的药液灌入药箱时必须过滤。

⑥ 避免植保无人机在水泵故障时“带病”作业。

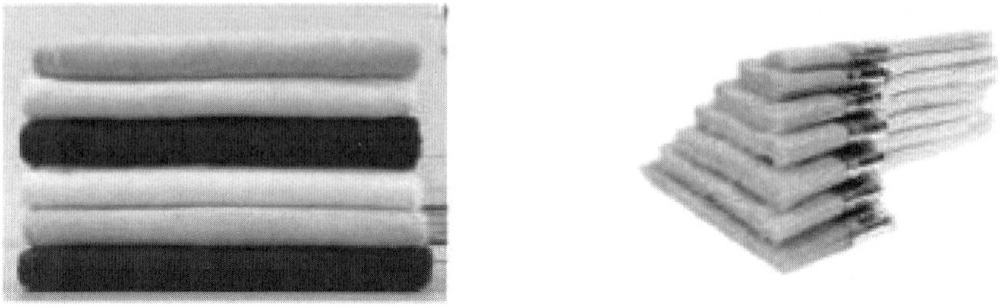

图5-12 植保无人机的清洁工具

3. 药液残余清洁流程

（1）检查无人机与遥控器电量是否充足，避免清洗过程中电量耗尽，引起不必要的麻烦。

（2）先将水箱中残留的液体倒出，把水箱底部水管连接处的螺丝拧下来，取出滤网，使其自然流淌。把取下来的滤网放入水中浸泡，再用流水冲洗就可以了。残留液体清理干净后，把水箱底部水管重新连接回去，检查是否固定好，避免漏液。

（3）将水箱加满清水，无人机供电启动喷洒系统，让飞机原地喷洒进行第一次清洗。第一次清洗完毕后，再往水箱中加入与水混合的碱性清洁剂。启动无人机的喷洒系统把水箱中的清洁剂喷洒干净。接着往水箱中加入清水清洁2~3次，清洁步骤同上。

（4）内部清理干净后，接着就要清理外部。清洁步骤同水泵清洗第四条。

4. 电池插头的清洁

插头是无人机与电池进行连接的必备配件，其工作频率非常高，且对于整个农业植保无人机系统非常重要。

（1）无人机插头与电池插头进行连接时会产生打火现象，打火会造成插头铜金属氧化，金属部分发黑，从而导致插头发热量增加，造成飞行隐患。如发现电池插头上有黑点异物，急时用干毛巾轻轻擦拭，去除黑点异物。

（2）如无人机一端的插头经过长久使用已经发黑，必须使用干燥的细毛刷将插头上的黑色污点清理干净。

5.3　植保无人机故障的维护与处理

5.3.1　植保无人机故障及维修方法

植保无人机属于精密器械，任何部件的微小变动都会影响其飞行状态和使用寿命，但为了使用及维修方便，市面上的产品基本都采用模块化结构组装。

植保无人机故障排查时可以按照“三步曲”来进行：调查现象—分析原因—排除故障。

1. 调查现象的基本方法

调查故障现象时可以采用直观法和状态分析法等方法。

（1）直观法：问、看、听、摸、闻

问：询问现场人员了解情况等。

看：观察设备外观、运行状态是否正常等。

听：聆听设备运行是否有异响等。

摸：触摸设备结构是否稳固等。

闻：闻闻电子部件是否有烧焦异味等。

（2）状态分析法

根据设备所处的状态进行分析，如根据状态指示终端（如指示灯、App监控界面等）所显示的状态迅速定位故障位置。该方法要求维修人员具备敏锐、细致的洞察力，能够准确捕捉对应的故障现象。

2. 分析原因的基本方法

分析故障原因时可以采用“先简单，后复杂”“先常见，后特别”“替换排除”等方法。

（1）先简单，后复杂

按照排查的简繁程度，依次排查故障。例如，喷头不出水，先检查药箱是否有药液，然后检查水泵是否运行，再检查管路是否堵塞。

（2）先常见，后特别

依据故障的发生概率，依次排查故障。例如，航向精度低时，先检查卫星天线是否松动，馈线是否松动，再检查天线与馈线是否损坏等。

（3）替换排除

使用功能正常的部件替换可能存在问题的部件，排查故障。例如，GNSS RTK模块通信异常，可交换“三合一”和“二合一”模块的馈线，检查是否为馈线问题。

该环节要求具备较高的（设备）认知水平、丰富的实践经验，能够根据故障现象准确分析导致故障的主要原因。

3. 排除故障的基本方法

对于常见的故障，可以采用修理或更换的方式解决。

（1）修理

对可修复性故障进行修理，如螺丝松动，则重新紧固即可。

（2）更换

对无法修复但可替换者进行更换，如连接线损坏，则更换新的连接线即可。

5.3.2 植保无人机常见故障的维护与处理

1. 螺旋桨的拆卸与更换

（1）拆卸工具

拆卸工具（图5-13）包括套筒、螺丝刀、内六方扳手（具体尺寸根据要维修的植保无人机来定）。

（2）拆装注意事项

① 查看螺旋桨的固定方式，决定其拆卸方式。例如，大疆精灵系列螺旋桨与桨帽是一体的，直接旋转螺旋桨即可拆卸和固定，较为方便。

图5-13 拆卸工具套装

② 桨帽螺旋桨一体式的固定方向与该螺旋桨所在电机的转动方向相反，多轴植保无人机的螺旋桨转动方向以机头方向为前，左前与右后螺旋桨顺时针旋转，右前与左后螺旋桨逆时针旋转。植保无人机的螺旋桨由于大多是用内六方螺丝固定的，所以与平常螺丝一样，顺时针为紧，逆时针为松。注意：使用的工具尺寸要合适，不要把螺丝弄滑丝。

③ 螺旋桨的拆卸：在拆卸螺旋桨之前

要先把植保无人机电源切断，保证植保无人机螺旋桨不会突然旋转伤人。植保无人机螺旋桨大多都是可折叠的桨叶，每个电机上的螺旋桨都是由两片桨叶组成的，所以不管是损坏了一片还是两片，都要换一对即两片桨叶。固定方式基本都是内六方螺丝固定，拆卸相对较为麻烦，所以要选用尺寸适合的内六方螺丝刀，逆时针旋转来把螺旋桨的固定螺丝卸下来。卸下来的螺丝要保存好，可重复使用。

④ 螺旋桨的安装：选用与拆下来的螺旋桨相同规格的桨叶，检查要更换上去的新桨叶是否完整无缺，要把每片桨叶上的螺孔对准电机上的螺孔，对正螺孔以后将螺丝垂直插入，用尺寸合适的内六方螺丝刀顺时针旋转紧固螺丝。正桨与反桨不要装反（图5–14），装反会导致植保无人机无法起飞，容易损坏无人机。正桨逆时针旋转、反桨顺时针旋转。还有一种是共轴反转，正桨和反桨安装于同一根轴上，按照相反的方向旋转。

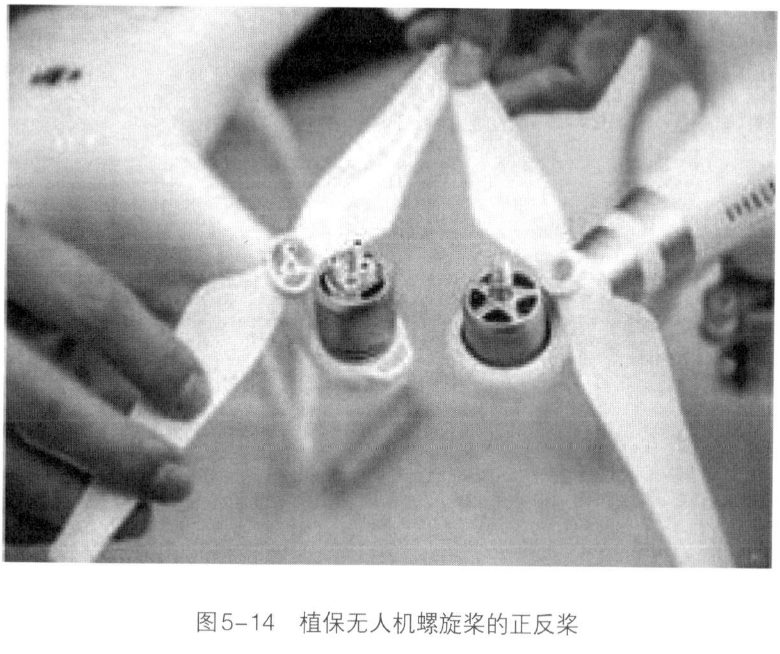

图5–14　植保无人机螺旋桨的正反桨

在换桨操作完成后，再检查一遍螺丝是否拧紧，正反桨叶安装是否正确，用手小幅度地来回晃动螺旋桨，看螺旋桨的固定是否牢靠。待全部检查完毕后即可通电，用遥控器给少量油门看螺旋桨工作是否正常。待螺旋桨旋转一会儿后，停止旋转锁定电机，检查电机是否过度发热。如果螺旋桨工作正常，且无其他故障特征，即可正常飞行使用。（图5–15）

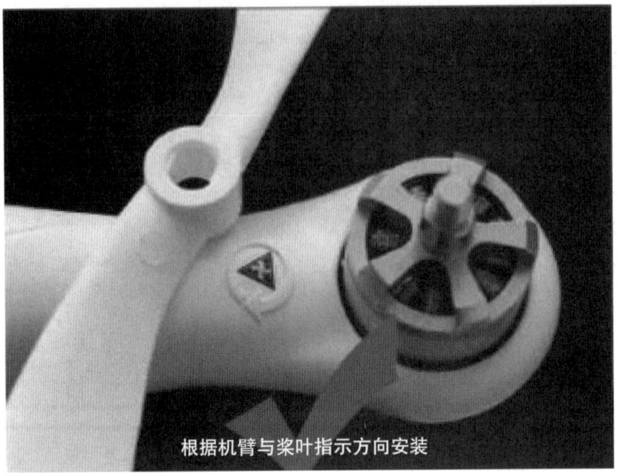

图5-15　植保无人机螺旋桨的正确安装

（3）螺旋桨防护装置

螺旋桨防护装置有助于降低人身伤害或螺旋桨损坏的风险。大多数螺旋桨防护装置（图5-16）都带有夹持机构，可以快速安装和拆卸。它们设计坚固且重量轻，建议正确的安装与使用。

图5-16　无人机防护装置

2. 植保无人机机臂的拆卸与更换流程

拆卸植保无人机机臂，需要携带工具有六角螺丝刀、螺丝胶、工具手套、润滑液。

拆卸机臂前，先于正前方目视植保无人机的位置，确保无人机全部件都在观察范围内。因为植保无人机机身连接紧密，拆卸机臂会对无人机全身造成影响。站在无人机外侧观察周围没有障碍物即可开始拆卸机臂。建议将无人机放置于平稳的四方格内，操作时减少过大幅度的动作。

无人机机臂与机身大臂连接件由六角螺丝固定，以板夹轴的结构实现固定与收合，以螺纹圆套实现小臂与连接件的紧固。卸下机臂只须用7 mm六角螺丝刀将螺丝拧开取出电机连接线，和机臂上的配件一并放置于干燥、无静电、平稳的桌面上，保证螺丝等配件都在专业的收纳盒中。注意：无人机上的螺丝都是非常见配件，需要妥善保管。

3. 电池鼓包的处理

电池鼓包的原因可能有两个：一是电池制造水平较差，电极涂层不均匀，生产工艺比较粗糙；二是使用过程中出现过充电和过放电的情况。这两个因素会导致电池在使用过程中，电池内部发生近似于短路的剧烈反应，生成大量的热，进而导致电解质分解气化，电池鼓包。

电池鼓包处理办法：当电池鼓包后，首先用保鲜膜将电池密封包好，放进冰箱降温半小时左右，将温度降低后的电池取出；然后将电池表面包装纸揭开（切记电池过热不要进行以下操作），用木质牙签（尖头）在电池表面扎一个小孔儿，用手指按压，排出电池内的气体，用胶带封上气孔。

4. 电池起火应急处置

电池在充电时起火，首先切断设备电源，之后可用石棉手套或火钳摘下燃烧的电池，置于地面或消防沙桶中，可用石棉毯盖住电池燃烧的火苗，也可用消防沙掩埋电池，隔绝空气将火熄灭。若须将使用殆尽的电池报废，应用盐水完全浸泡电池72小时以上，确保完全放电后再进行晾干报废。

切忌用干粉扑灭电池起火，因为固体金属化学火灾需要大量粉尘覆盖，且对设备有腐蚀作用，污染空间。二氧化碳不污染空间和腐蚀机器，但只能达到对火苗的瞬间抑制作用，须用沙石、石棉毯配合使用。

隔离窒息法是应对电池燃烧的最好方法。第一发现者尽快扑救，同时用通信工具通知其他人员增援，最大限度减少财产损失和人员伤害。

5. 灌药机的校准

市场上的有些植保无人机药箱加药需要灌药机协助。因此，当灌药量出现误差时须对灌药机进行校准，分成空药箱及满药箱校准两步。

（1）打开灌药机，长按“复位键”，灌药机显示空药箱校准，放入空药箱，按“+”选择“是”，待显示校准完成就代表第一步校准完成。

（2）再长按“复位键”，显示屏提示满药箱校准，把装满水（药）的药箱放入灌药机，按“+”选择“是”，待显示校准完成就代表灌药机校准完成。

注意：作业时灌药机校准使用的满药箱应当是装满药液的药箱。灌药机必须放置水平，满药箱药液灌至上刻度线（因为水和药液的密度不同会导致灌药体积不同，密度大的同质量体积小，有可能会导致漏喷）。

6. 传感器校准

植保无人机上的传感器包括加速度计、陀螺仪、磁罗盘与气压传感器等。惯性检测装置（IMU）位于无人机的核心位置，是飞行控制器的重要单元，可确保装置功能齐全与导航正常运作。

植保无人机在受到大的震动，或放置不水平，或预热时间过长，开机自检的时候会显示IMU异常，这时需要重新校准IMU。以大疆无人机为例，IMU校准具体步骤如下：

（1）把植保无人机放置在水平的台面上，打开无人机遥控器，连接App。

（2）打开DJI GO App，进入“飞控参数设置”菜单。

（3）进入“传感器设置”菜单。

（4）进入“IMU校准”，校准过程中不能移动植保无人机，校准时长大约为510 min，注意无人行器过热时容易造成校准失败。

5.3.3 植保无人机常见故障及处理方法

1. 植保无人机出现GPS长时间无法定位的情况

首先，等待一段时间，因为GPS冷启动需要时间。如果等待几分钟后情况依旧没有好转，可能是GPS天线被屏蔽或干扰，此时，需要把屏蔽物远离或移除干扰源，放置到空旷的地域，观察是否好转。另外，造成这种情况的原因也可能是GPS长时间不通电，所在地与上次GPS定位的点距离太长，或者是在无人机定位前打开了微波电源开关。之后，尝试关闭微波电源开关，关闭系统电源，间隔5 s以上重新启动系统电源等待定位。如果此时还不能定位，可能是GPS自身性能出现问题，需要拿去给专业维修人员处理。

2. 植保无人机在自动飞行时偏离航线太远问题

首先，检查植保无人机是否调平，调整植保无人机到无人干预下能直飞和保持高度飞行。其次，检查风向及风力，因为大风也会造成此类故障，应选择在风小的时候起飞植保无人机。再次，检查平衡仪是否放置在合适的位置，把植保无人机切换到手动飞行状态，把平衡仪调到合适的位置。

3. 植保无人机控制电源打开后，地面站收不到来自无人机的数据

检查连线接头是否松动或者没有连接，地面站的连接按钮、串口是否设置正确，串口波特率是否设置正确，地面站与无人机的数传频道是否设置一致，飞机上的GPS数据是否送入飞控，其中只要有一个环节出问题就无法通信。如果检查无误后还是连接不上，重新启动地面站电脑和无人机系统电源，一般都可以解决。

4. 舵机老发出“吱吱”的来回定位调整响声

有的舵机无滞环调节功能，控制死区范围调得小，输入信号和反馈信号老是波动，它们的差值超出控制死区，舵机就发出信号驱动电机。另外，舵机没有滞环调节功能，如果齿轮组机械精度差，齿虚位大，带动反馈电位器的旋转步范围就超出控制死区范围，那舵机必将不停调整，老发出“吱吱”的来回定位调整响声。

5. 实际喷洒流速与App显示喷洒流速不一致

初次使用或长时间使用可能会造成流量计不准的现象，校准流量计即可解决。

6. 药泵工作，但实际所有喷头不雾化

管路内部有空气，拧开排压阀解压。

7. 个别喷头不雾化

把不雾化的喷头取下，查看喷头内部涡流槽内和喷头内孔是否有异物堵塞，把堵塞物排除即可。

8. 实际流速比预计的流速偏小很多

当水泵达到一定时限时，可能出现喷洒流量变小的情况，须更换新水泵。

9. 喷洒时喷嘴出现滴漏现象

喷头内部密封胶圈受药液腐蚀或损坏导致密封性能下降，可更换新密封胶圈。

10. 水泵在工作，空气也排出，仍然不喷洒药水

检查药箱出口的滤网、流量计是否有异物堵住。

第6章　植保无人机购置与飞防服务

6.1　植保无人机购置

植保无人机大多数的机型都以多旋翼为主，主要因为其具有飞控技术成熟、产品结构简单、技术门槛低、操作简单等优点。国内市场上植保无人机生产企业品种繁多，良莠不齐，真正掌握飞控技术的企业只有少数。其中，大疆创新、极飞科技、珠海羽人、无锡汉和、全球鹰、天鹰兄弟、翔农创新、北方天途等为主流植保无人机品牌，每款植保无人机的详情见表6–1所列。

表6-1　各种植保无人机简介

品牌	产品
 大疆创新	MG –1P、T16、T20
 极飞科技	P2020、P2019、P30、P20、P10

（续表）

品牌	产品
 珠海羽人	多功能植保无人机S20标准版、S20精量直播版、L30标准版、L30精量直播版
 无锡汉和	金星25、金星20、金星一号、水星一号、CD–15

通常选择植保无人机最基础的考虑因素为植保无人机能否自主飞行、断点续航、断点记忆；在针对不同农作物的时候能否定高、定速、定流量，最终达到高效统防统治。除此之外，最值得关注的有以下几个问题：

（1）植保无人机打药效果好不好？

（2）打药效率高不高？能不能在要求的时间内打完？

（3）用这款植保无人机打药，能节省多少金钱、时间、人力等成本？

关于作业效率和实际成本，须在选购无人机之前，向从事飞防植保行业的人员学习，仔细对比数据，学会分析，具体内容此处不再赘述。下面将从植保无人机打药效果等方面来进行分析。植保无人机打药效果，可以从以下五个方面来判断。

6.1.1　精准喷洒，把农药打到位

植保无人机最关键的就是在植保过程中，需要把农药喷洒到农作物叶子的正反面，并且让药物附着在叶片上面，帮助农作物均匀吸收，从而有效地杀死害虫。

传统植保方式，往往无法让药物打到作业叶片的背面，喷洒效果大打折扣。而无人机飞过时具备强劲的下压风场，可以有效帮助农药附着在作物正反面。值得注意，风场过大，会造成药物浪费和作物损伤。如图6–1所示的为单旋翼植保无人机，它的喷头用一根横杆串联在无人机下方，出现了扰流现象，螺旋桨产生的气流把药液卷起来，有可能附着在机身上，造成浪费；如图6–2所示的是四旋翼植保无人机，其喷头直接装在螺旋桨电机正下方，它的风场不存在扰流现象，药物不会污染无人机本身，也不容易伤害农作物。那如何确保农药附着在农作物的叶片上呢？这就得看无人机喷洒的雾化效果了。

图6–1　单旋翼植保无人机

图6–2　四旋翼植保无人机

图6–3展示了药液喷洒到农作物叶片表面后的附着效果。从左到右，兑水量越来越高，雾化颗粒越来越大。可以看到，雾化颗粒越小，越节约药剂和水，附着越均匀，且不容易汇聚成水滴后滴落浪费。图6–3中最右边的叶片表面，已经流失了大量的药剂，很容易造成污染。一般来说，雾化颗粒在250 μm以下才能达到较好的喷洒效果。

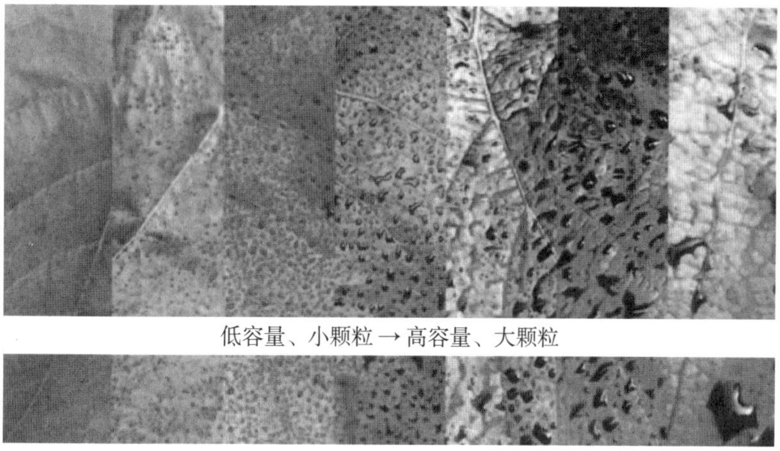

图6–3　药液喷洒到农作物叶片表面后的附着效果

图6–4是雾化颗粒击中害虫表面的示意图。大颗粒药液容易汇聚和流失；只有雾化颗粒小的时候，才能均匀附着在虫子表面，达成触杀、防治效果。

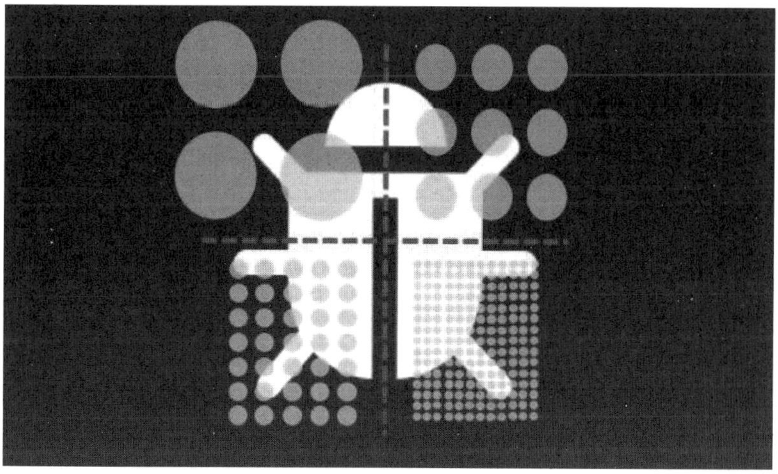

图6–4　雾化颗粒击中害虫表面的示意图

目前，市场上的植保无人机主要使用压力喷头和离心喷头两种技术。一般来说，离心喷头的雾化颗粒较小，且可以调节大小。雾化颗粒大小可以调节到250 μm以下的离心喷头技术是最优选择。这些数据一般在商品参数里都能看到，选择产品时需多注意。

6.1.2 均匀喷洒，目标着药均匀

目前市场上的植保机主要有两种喷药技术，一是恒量喷洒技术，二是变量喷洒技术。

图6–5是两种不同技术打药效果的对比示意图。由于无人机在地块中飞行时需要转向，而转向一般伴随着减速，如果是恒量喷洒技术（图6–5中的右边部分），流量不会随飞行速度下降而自动调整，就可能造成地边转向处的作物着药量过大，从而产生药害，也浪费了农药。而采用变量喷洒技术（图6–5中的左边部分），流量可以随飞行速度下降而减小，从而确保每一寸农田的着药量均等，从而达到良好的喷洒效果。所以，建议选择拥有变量喷洒技术的植保无人机。

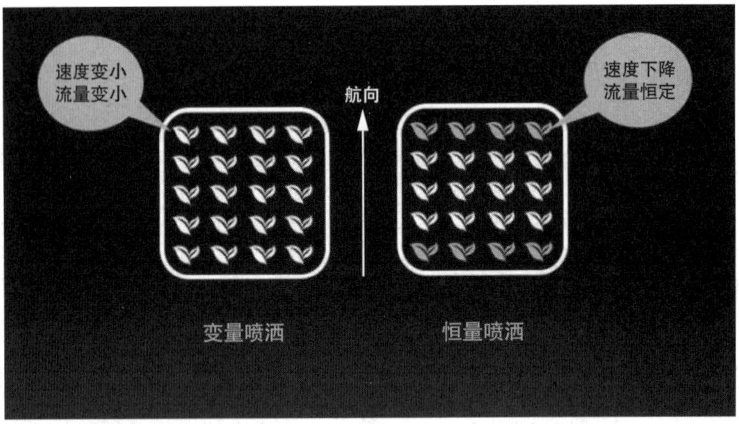

图6–5　两种不同技术打药效果的对比示意图

6.1.3 有效避免重喷、漏喷

部分防治对药剂喷洒的要求较高，尤其是除草剂等化控类药剂，喷多了容易造成药害，喷少了起不了效果。能否避免重喷、漏喷，是考量植保无人机作业效果的重要方面。图6–6

图6-6　植保无人机重喷、漏喷的后果

为植保无人机重喷、漏喷的后果，辣椒地被打成了一片“足球场”。

重喷、漏喷与无人机的飞行精度有关，而飞行精度主要由无人机的定位导航系统决定。目前，市场上的植保无人机定位飞行技术主要有纯手动、GPS、RTK三种。纯手动模式依靠人的视觉来进行操作飞行，对操作人员要求高，人的影响因素较大，相对容易造成重喷、漏喷的现象，不利于植保无人机的规模化应用。在此对纯手动操作不做过多介绍，下面将对比的重点放在GPS技术与RTK技术上面。

图6–7对比了GPS和RTK定位技术。目前，GPS技术已被广泛应用，最常见的就是手机地图导航。GPS定位存在一定误差，普通GPS的定位精度大于或等于1 m，精度误差有50%的概率会达到250 cm，更无法支持精准定高。这对看地图或许没太大关系，但在执行喷洒农药任务时，可能会造成严重后果。使用GPS导航的植保无人机，由于很难避免环境的干扰而产生定位误差，飞行路径可能发生较大偏移（图6–7中的左边部分），从而造成重喷、漏喷问题。

近几年，市面上的植保无人机多采用RTK定位技术。这是因为RTK技术可将定位精度误差控制在10 cm以内，让植保无人机能够更加精准地飞行和喷洒，有效避免了重喷、漏喷（图6–7右边部分）。采用RTK定位技术的植保无人机，能够确保航线整齐、偏差很小。

所以，在选择植保无人机的时候，需要提前了解无人机采用的定位技术是否是最先进的，能否实现精准飞行、精准喷洒，能否有效避免重喷、漏喷。

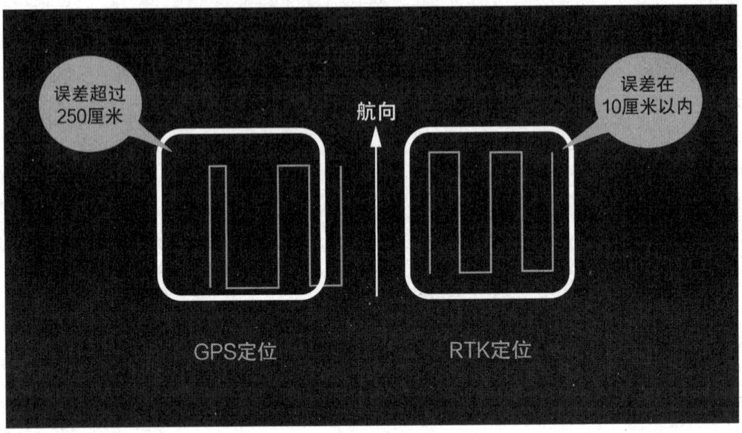

图6-7 GPS和RTK定位技术对比

6.1.4 仿地飞行与夜间作业

为了能达到良好的作业效果，植保无人机在各种条件下的适应能力非常重要。举例来说，植保无人机能否适应高秆作物的作业？能否在地形起伏较大的区域作业？能否夜间作业？这些都是在选择植保无人机时应考虑的。

1. 仿地飞行

对于高矮不一的农作物、高低不平的地势，要想达到喷洒效果，就需要植保无人机与作物冠层保持相对恒定的距离。目前，植保无人机通过仿地飞行技术可以实现这一点。无法进行仿地飞行的植保无人机，在高低不平的农作物冠层作业时，矮冠农作物可能由于距离无人机较远而着药效果差；地势的高低变化尤其是地势升高，可能导致无人机碰撞摔坏。

仿地飞行一般通过超声波、雷达、对地视觉系统等设备来达成，在选择植保无人机时，应尽量选择仿地飞行效果好的无人机，而仿地飞行技术的优劣可以通过观察坡地飞行状态直观地了解（图6–8）。

2. 夜间作业

很多害虫昼伏夜出，白天打药效果较差，尤其是在夏天，中午温度很高，这时打药方式极易挥发，影响药效，就需要晚上打药。

对植保无人机而言，在农田中进行夜间飞行并不是一件容易的事情。首先，需要植保无人机能按照预想进行精准飞行，而且要能在眼睛看不到的情况下自动绕开障碍物，这就对航向规划系统和避障系统有较高的要求。这些是纯手动控制的植保无人机很难做到的，需要能够实现高度自主飞行、全自动作业的植保无人机。

市面上能够夜间作业的植保无人机产品不多，想要了解无人机是否具备这个模式，只需要在晚上试飞一下，通过目视、激光、手电等就能直观地看出飞行路线是否笔直精准，能否准确、及时绕开障碍物等来确认即可。如图6–9所示，该款无人机能够按照航向规划顺利的开展自主飞行，完成自动作业。

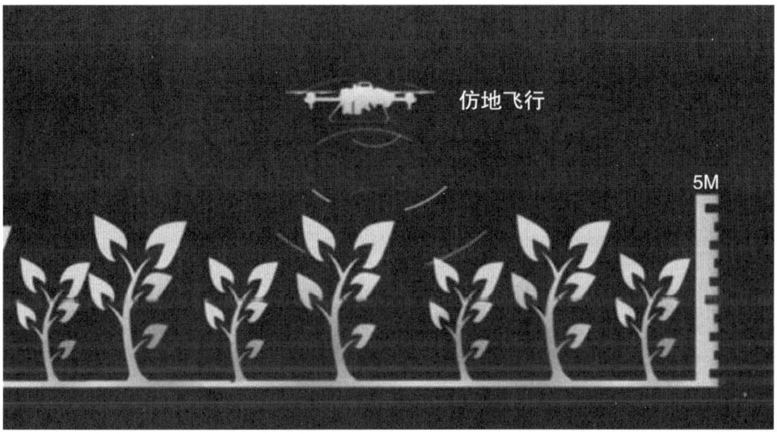

图6–8　无人机仿地飞行

图6–9　通过延时摄影记录的植保无人机夜间飞行作业轨道

6.1.5 作业进度是否可监控

无论从农户的角度，还是从植保团队管理者的角度看，都需要避免作业人员偷工减料的行为，因为这可能会带来药害、农药浪费、没有效果等不良影响。以往是在现场监控作业进度，如果所选择的植保无人机拥有良好的监控系统，能够进行实时监控，知道有多少设备在哪个地块按照怎样的设置在进行某段航线飞行，作业进度是多少，远距离就能确保作业开展的进度、效果，可以大大节省成本和人工费用。所以，在选择一款植保无人机的时候，购买者应该考察的不仅仅是无人机本身，还要留意其整个解决方案中的其他系统和设备。

总体而言，选择植保无人机产品，作业效果是最需要考量的关键指标之一。具体可以从能否精准喷洒、均匀喷洒、不重喷漏喷，是否能夜间作业、适应多种地形，可否远程监控作业等几个方面来考察。

6.2 植保无人机飞防服务

飞防是指通过通用飞机喷洒农药的一种高效率、短时期压低虫口密度的有效方法，具有其他常规措施难以比拟的优越性。植保无人机飞防服务是指利用小型遥控无人机，为农户提供农药的低空喷施的服务，利用一种新型农作物保护方式帮助农户对农作物病虫害进行防治。

6.2.1 植保无人机飞防的优势

植保无人机飞防适应面广。各种农作物都可通过植保无人机进行飞防作业（图6–10）。植保无人机体积小，起降方便，相比大型飞机来讲，不需要建设专门飞机跑道，并且不论是丘陵、山地、坡地、不规则地块都可以用植保无人机进行飞防作业。

植保无人机飞防省水省药。传统人工打药一般每亩用药液30 L以上，而植保飞防每亩用药液仅1 L左右；植保飞防作业使用专业飞防助剂，可以减少30%左右的农药使用量；人工打药速度慢，而虫害传播快，打到后面前面的虫害又发起了，往往要打好几次，但无人机植保作业速度快，一次作业短时间内即可达到目的，杀虫速度快，对大气、土壤和农作物危害少，且利用GPS导航技术可精准作业，节约水资源，减少农药使用量。

植保无人机飞防效率高。虽然植保无人机飞防作业效率不如大型飞机，但相对于传统的人工作业，效率还是要高很多的，一般是人工作业的10～15倍。

图6-10　植保无人机飞防作业服务

此外，植保无人机由于使用的是专用的药剂，在雾滴的沉降速度、附着性、抗挥发性、作物叶面吸收效率等方面都比传统农药高很多，这也是植保无人机飞防作业的优势（图6-11）。

图6-11　植保无人机飞防的优势

6.2.2 植保无人机飞防的未来

在我国，植保无人机飞防服务是相当有前景的，这与我国的土地政策有很大关系。

首先，我国农村人口人均拥有土地少，而且土地相对分散，大型的植保飞机不适合我国的农业情况，还需要专门建设跑道等附属设施。

其次，我国土地类型多样，源于我国传统的农耕情怀，丘陵、山地、坡地等都被勤劳的农民开垦成可以种植农作物的良田。对于这类地形，大型飞机，还有拖拉机、收割机等传统的地面农机都无法操作，只有植保无人机能够不受这些因素的影响而工作。此外，可以通过多台无人机同时开展飞防工作，实现群防群控的效果（图6–12）。

图6–12 植保无人机开展群防群控

我国农业目前还没有完全实现机械化，农业生产效率较低；出现农村人口老龄化逐渐加剧，青壮年劳力较少务农等社会现象，就此国家出台了很多惠农政策，鼓励青壮年返乡务农。国家也开始逐渐加快农业现代化建设，鼓励扶持有能力的农业企业和农机服务组织，加快农业机械化进程。

植保无人机飞防服务作为新型的农业服务，经过这些年的不断发展，受到了很多地方政府的支持。从2017年开始，很多地方政府积极响应国家政策，首先由政府购买统防统治项目，使大面积作业能力的植保无人机飞防服务组织对农作物进行植保作业，就其效果来看，还是非常令人满意的。

2018年，由中国农业技术推广协会、河南省农业厅、安阳市人民政府主办的200万亩小麦病虫害航空植保统防统治（图6–13）项目，汇聚了植保作业操作人员一千余人，植保无人机一千架左右，充分展示了植保无人机统防统治的全国样板。植保无人机飞防，未来一定是以服务组织的形式存在，植保无人机社会化飞防服务将持续、健康的发展。

图6–13　千人千机会战安阳，实现200万亩统防统治

6.2.3　植保无人机飞防服务作业流程

随着土地流转规模的扩大和化农业现代进程的推进，植保无人机飞防服务成为农业植保领域的一个热点。那么，如何才能科学合理地做好这项服务？如何才能保证作业效果和作业效率？

1. 确定防治任务

开展飞防服务之前，首先需要确定防治农作物类型、作业面积、地形、病虫害情况、防治周期、使用药剂类型以及是否有其他特殊要求。具体来讲，就是勘察地形是否适合飞防、测量作业面积、确定农田中的不适宜作业区域（障碍物过多可能会有炸机隐患）、与农户沟通、掌握农田病虫害情况报告，以及确定防治任务是采用飞防队携带的药剂还是农户自己的药剂。

需要注意的是，农户自己的药剂一般自主采购或者由地方植保站等机构提供，药剂种类较杂且有大量的粉剂类农药。粉剂类农药需要大量的水去稀释，而植保无人机要比人工作业节省90%的用水量，所以不能够完全稀释粉剂，容易造成植保无人机喷洒系统堵塞，影响作业效率及防治效果。因此，需要和农户提前沟通，让其购买非粉剂农药，比如水剂、悬浮剂、乳油等。

2. 确定飞防队伍

确定防治任务后，就需要根据农作物类型、面积、地形、病虫害情况、防治周期和单台植保无人机的作业效率，来确定飞防人员、植保无人机数量以及运输车辆。一般农作物都有一定的防治周期，在这个周期内如果没有及时将任务完成，将达不到预期的防治效果。对于飞防服务队伍而言，首先应该做到保证防治效果，其次是如何提升效率。

举例来说，假设防治任务为1亩水稻，地形适中，病虫期在5天左右，单旋翼油动植保无人机保守估计日作业面积为20 hm^2。20 hm^2×5天=100 hm^2，所以需要出动2台单旋翼油动植保无人机；而1台单旋翼油动植保无人机作业最少需要1名操作人员和1名助手（地勤），所以本次任务需要2名操作人员与2名助手。

需要注意的是，考虑到病虫害的时效性及无人机在农田相对恶劣的环境下可能会遇到突发问题等因素，飞防作业一般可采取“两飞一备”的原则，以保障防治效率。

3. 环境天气勘测及相关物资准备

首先，在进行植保飞防作业前，应提前查知作业地方近几日的天气情况（温度及是否有雨水或伴随大风）。天气会对作业造成困扰，提前确定这些数据，可以更方便确定飞防作业时间及其他安排。

其次，物资准备。电动多旋翼植保无人机需要动力电池（一般为5～10组）、相关的充电器。当作业地点不方便充电时，需随车携带发电设备。单旋翼油动直升机则要考虑汽油的问题，因为国家对散装汽油的管控，所以要提前加好所需汽油或者掌握作业地加油条件（一般采用97#汽油），到当地派出所申请农业散装用油证明备案。

最后，相关配套设施准备。例如，农药配比和运输需要的药壶或水桶、操作人员和助手协调沟通的对讲机，以及相关作业防护用品（眼镜、口罩、工作服、遮阳帽等）。如果防治任务是包工包药的方式，就需要飞防团队核对药剂类型与本次防治作物病虫害是否符合，数据是否正确。

天气适中，近期无雨水或者伴随大风（一般超过3级风将会对农药产生较大的漂移影响），一切准备就绪后，即可出发前往目的地开始飞防任务。

4. 开始飞防作业

飞防团队应提前到达作业地块，熟悉地形、检查飞行航线有无障碍物、确定飞机起降点及进行作业航线基本规划。随后进行农药配置，一般需根据植保无人机作业量提前配置半天到一天所需的药量。

之后，进行植保无人机起飞前检查及相关设施测试确定（如对讲机频率、喷洒流等）。报点员就位后，操作人员操控植保无人机进行喷洒服务。

在保证作业效果、效率（如航线直线度、横移宽度、飞行高度、是否漏喷重喷）的同时，飞机与人或障碍物的安全距离也非常重要。任何飞行器的突发事故对人的危害都较高，作业过程必须时刻远离人群，助手及相关人员要及时疏散作业区域人群，保证飞防作业安全。

用药时请使用高效、低毒、检测无残留的生物农药，以避免在喷洒过程中对周围的动植物产生不良影响，造成纠纷和经济损失。气温高于35℃时，应停止施药，高温对药效有一定影响。

一天作业任务完成，应记录作业结束点，方便第二天继续进行喷洒。然后清洗保养飞机、对植保无人机系统进行检查、检查各项物资消耗（农药、汽油、电池等），核查当天作业亩数和飞行架次、当日用药量与总作业亩数是否吻合等，从而为第二天作业做好准备。

第7章　无人机在现代农业的其他应用

7.1　无人机低空遥感系统组成

当前，如何快速获取位置数据已经成为测绘地理信息行业研究的热点。传统的以卫星、航空器为平台的数据获取方法已经被广泛应用，但是在我国中西部受天气影响较大的地区很难拍摄到符合要求的高分辨率影像，运用无人机为平台的低空遥感能更好地发挥优势。无人机作为卫星遥感不可缺少的补充手段，弥补了卫星光学遥感和普通航空摄影经常受云层遮挡获取不到影像的缺陷。无人低空遥感系统，是一种以自动控制的无人机为平台，以机载遥感设备为有效载荷，飞行高度一般在1000 m以下，获取有规则的重叠度影像，并按精度要求制作地理信息数据的航空摄影系统。通常由飞行平台、遥感设备、地面监控站、数据链路和应急装置等部分组成，具有成本低、精度高、分辨率高、效率高等特点。其所获得的高分辨率影像能够达到大比例尺地形图精度要求。

无人机低空遥感系统一般包括无人机平台、飞行航道与控制系统（飞控系统）、地面监控系统、数据传输系统、发射与回收系统、野外保障以及其他附属设备。在实际应用中须根据任务需求选择合适的无人机及任务装备，无人机低空遥感系统的一般组成及连接原理如图7–1所示。

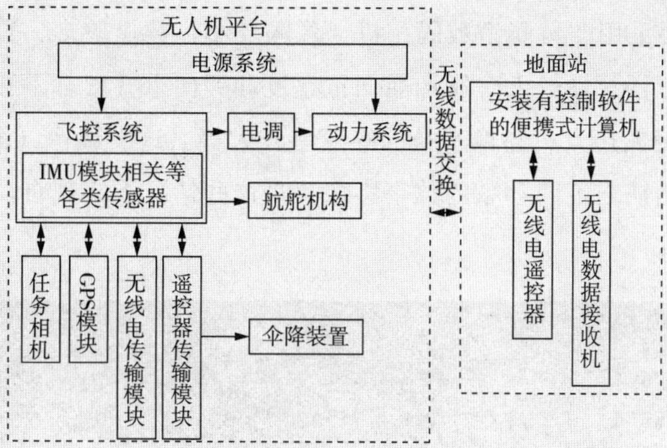

图7–1　无人机低空遥感系统组成

7.1.1　无人机低空遥感主要特点

1. 航摄效率高

无人机航摄效率较高，可以通过监控平台进行控制；可进行针对性航拍，重点获取指定区域数据；针对不合格影像可以现场重新航拍。这类设备体积小，机动灵活，通过地面遥控快速采集影像，不需要专用跑道起降，受天气和空域管制的影响较小。此外，无人机还可以抵达载人飞行器无法到达的空域或危险地区。

2. 影像分辨率高

影像主要以RGB三波段为主，可以挂载多光谱相机（R/G/B/NIR）、高光谱相机和激光雷达传感器，无人机低空遥感影像的最大优点是遥感影像空间分辨率高（厘米级）、影像清晰。工业无人机普遍采用索尼、尼康等高精度数码相机，具有高达4000万的像素，可实现定距或定时拍照。所获取影像为真彩色数字影像，成图与实测误差已经满足1：500的地形图测量规范要求。

3. 数据处理速度快

影像数据处理速度快，现势性强。例如，国产软件Pips能实现对航空影像数据以及低空无人机影像数据的快速自动化处理，可完成从空中三角测量到各种比例尺的DEM、DOM、DLG等测绘产品的生产任务。特别是高性能计算机在测绘领域的应用，针对数据处理的速度显著提升。

4. 主要缺点

影像获取主要采用非量测型数码相机，像幅较小，数量较多，数据量较大。拍摄时飞机姿态和位置任意性较大，影像航向重叠度和旁向重叠度都不够规则。影像间的比例尺不一致、旋偏角大、影像本身的畸变差较大等。这类影像（图 7–2）是非标准遥感影像，实质是缺乏定向参数的数字影像，是这些情况下实现自动测量现有数字摄影测量的主要挑战。

图7–2　周口店地区的正像投影

7.1.2　影像处理主要流程

无人机低空遥感数据进行影像处理流程如图 7–3 所示。

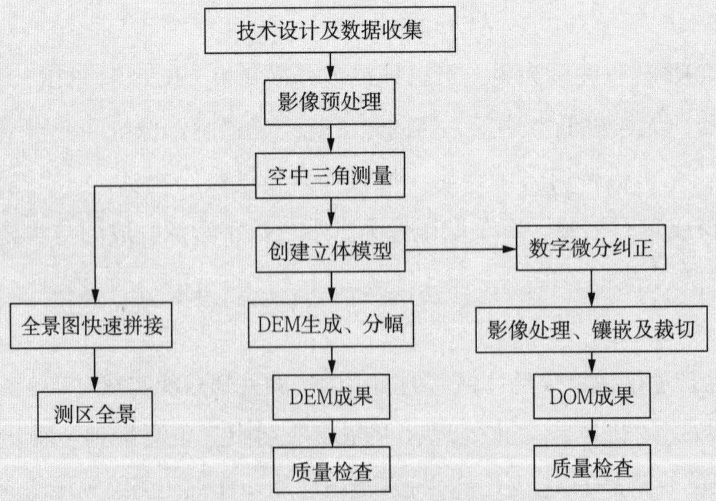

图7–3　无人机低空遥感数据处理流程

1. 影像预处理与影像重叠度计算

影像预处理主要集中于对数码相机镜头非线性畸变的纠正，以及成像时由于飞行器姿态变化引起的图像旋转和投影变形的纠正。在焦距确定的情况下，镜头畸变属于系统误差，它对每幅图像产生的影响都是相同的，可以用数学公式或模型加以模拟预测，进行统一纠正。但是由于飞行的不稳定造成的图像旋转和投影变形却是每一幅都不一样的，需要逐幅进行纠正。影像预处理还要注意落水、补飞、断航线、斜飞等情况。通过相邻影像的匹配可以获得大量的同名点，经过同名点自动测量后，可以根据同名点坐标计算相邻影像数据的实际重叠度。

2. 空中三角测量

空中三角测量的主要目的是为影像纠正、数字高程模型建立和立体采集提供定向成果。空中三角测量是利用航摄像片与所摄目标之间的空间几何关系，根据少量相片控制点，计算待求点的平面位置、高程和像片外方位元素的测量方法。在进行空中三角测量时，同名点匹配通过坐标系的变换，应用前方、后方交会的方法根据特征进行的，需要进行航内、航间的匹配，匹配密度较小。空中三角测量匹配是为立体测图做准备，匹配完成后，为了获取模型连接点，还须进行提取匹配点（串点）操作。相对定向是根据有一定重叠度的影像，以第一张相片的像主点为坐标原点的坐标系为参照坐标系，确定第二张相片相对于第一张相片的位置和姿态。绝对定向是通过量取地面控制点或内业加密点对应的像点坐标，解算模型的外方位元素，确定影像坐标系和大地坐标系之间的关系。通过添加控制点及添加四个角点的控制点后进行平差解算，预测剩余像控点的位置，从而对预测像控点精确调整，全部添加完毕后再次进行平差，即可查看控制点精度报告。

3. 影像生产与制作DEM

DEM即地面高程信息，是对地貌形态的数字化表达，它是用一组有序数值阵列形式表示地面高程的一种实体地面模型。数据线划图中的等高线、高程点、道路、水系等可以导入立体模型，与采集到的特征点一起构建TIN，内插得到DEM。DEM可与DOM或其他专题数据叠加用于相关分析。DEM数据对影像进行数字微分纠正和影像重采样后可以生成数字正射影像，使用镶嵌命令将正射影像集拼接生成DOM总图（图7–4）。镶嵌时应注意拼接的一致性，不应产生整体性视觉差异，在生成的DOM里，应检查是否有漏洞、扭曲以及错位等。若存在这些现象，可运用“局部替换”或“边界外延”进行手动编辑调整。

图7-4　某地数字正射影像拼接生成的DOM总图

4. 质量检查

空间参考系列检查主要检查大地基准、高程基准是否符合相关规范要求，地图投影是否正确使用，地图分幅和内图廓信息是否正确和完整。位置精度检查涉及实际地形地物的平面和高程精度，主要包括控制点坐标、中误差、等高距、几何位移和接边误差。属性精度检查主要包括分类代码和属性正确性检查。此外还应检查完整性、逻辑一致性等。

7.1.3　无人机低空遥感技术的行业应用

1. 大比例尺地形图测绘

大比例尺测图按方法可分为人工野外测图和航空遥感摄影两种。人工野外测图是由作业人员到实地采用GPS、全站仪等进行控制测量、碎步测量，最后进行内业作业，该测量方式具有精度较高、人工成本较高、时间较长等特点。航空遥感摄影过程主要为航飞—控制测量—像控—调绘—成图等，其是大范围地形图测绘的主要方式。但航摄空域申请手续复杂、对机场及天气条件要求较高、数据获取成本较高，无法满足快速变化地区的遥感监测对数据实时性的要求，不适用于中小面积的数据获取及测绘任务。

2. 国土资源监测

国土资源监测主要是对国土资源变化情况进行实时监测。传统的监测方式成本较高、时间较长、响应较慢，不能实时反映国土资源现状的变化情况。而无人机遥感可以在低空取得光学影像，与其他方式相比具有明显优势，其能够应对每年开展的全国土地变更调查监测与核查项目，也能够有效降低地籍调查成本，还能够对发现的违法用地、非法开采等情况进行评估，为土地执法检查提供重要依据。

3. 应急监测

对于地质灾害多发地区，大量的地质灾害隐患严重威胁着城镇、村庄、道路交通等的安全。无人机结合工作底图航拍作业法具有实时性强、影像分辨率高的特点，能够在高度危险地区进行作业。无人机遥感可以在自然灾害发生后迅速反应，对航摄影像快速拼接和处理，迅速准确反映现实状况。人们可以及时制订救援策略，对提高救援效率起着极其重要的作用。高分辨率遥感影像和原有数据叠加可以准确定位受灾区域的具体位置及边界，在ArcGIS软件中可统计房屋损毁数量、受灾面积，再结合调查，进行灾害评估（图7–5）。

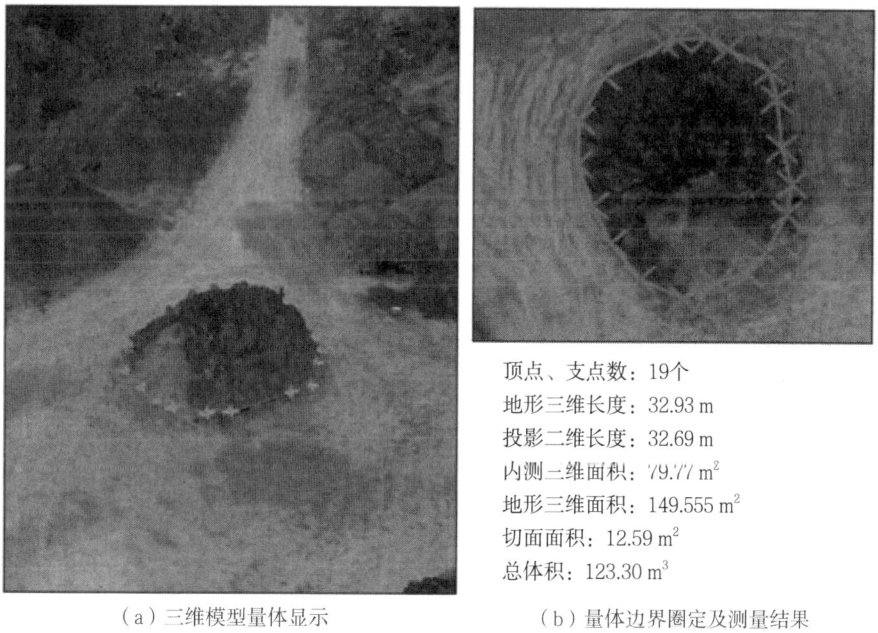

（a）三维模型量体显示　　（b）量体边界圈定及测量结果

图7–5　三维模型体积测量

无人机遥感技术是现代测绘技术的重要组成部分，其具有高分辨率影像和高精度定位数据获取能力。随着国民经济及社会发展对数据的要求不断提高，无人机遥感在规划建设、水利监测、矿产资源勘探等各个领域都发挥着积极作用，成为现代测绘重要的遥感数据来源，应用前景广阔。

7.2 无人机农田信息监测

无人机可搭载的遥感传感器多种多样，这样可以获取多维度、高精度的农田信息，实现多类农田信息的动态监测。这些信息主要包括农田空间信息（农田定位、作物种类识别、面积估算及变化动态监测、田间基础设施提取）、作物生长信息（作物表型参数、营养指标、产量），以及作物生长胁迫因子（田间墒情、病虫害）动态等。

7.2.1 农田空间信息

农田空间位置信息包括田块的地理坐标及通过目视判别或机器识别得到的作物分类。通过地理坐标识别出田块边界还可以实现种植面积的估算。传统的方法通过以地形图作为底图进行数字化开展区域规划和面积测算，时效性差，边界位置与实际情况差异巨大且缺乏直观性，不利于精准农业的实施。无人机遥感可以实时获取全面的农田空间位置信息，具有传统方法无可比拟的优势。高清数码相机的航拍影像即可实现农田基本空间信息的识别和判定，如柏油路识别等。空间构型技术的发展提高了农田位置信息研究的精度与深度，在引入高程信息的同时提升了空间分辨率，可实现更精细的农田空间信息监测。

7.2.2 作物生长信息

作物生长状况可以通过表型参数、营养指标以及产量等信息来表征。表型参数包括植被覆盖度、叶面积指数、生物量、株高等。这些参数相互关联、共同表征了作物的长势情况，与最终产量直接相关。作物生长信息在农田信息监测研究中占有主导地位，已经开展的研究相对较多。

1. 作物表型参数

叶面积指数（Leaf Area Index，LAI）是指单位地表面积上单面绿叶面积的总和，可较好地表征作物对光能的吸收利用，与作物的物质积累和最终产量关系密切。LAI是目前无人机遥感监测的主要作物生长参数之一。以多光谱数据计算植被指数（比值植被指数、归一化植被指数、土壤调节植被指数、差值植被指数等）与地面实测数据建立回归模型是反演表型参数较为成熟的方法。

作物生长后期地上部生物量、产量和品质的关系均很密切。目前，农业上用无人机遥感进行生物量估测仍使用多光谱数据，提取光谱参数、计算植被指数进行建模；空间构型技术在生物量的估算方面有一定优势。

2. 作物营养指标

传统的作物营养状态监测需要通过田间取样、室内化学分析，以诊断营养物质或指标（叶绿素、氮素等）的含量，而无人机遥感则依据不同物质具有特异的光谱反射吸收特征进行诊断。叶绿素的监测依据是其在可见光波段有两个强吸收区，即640～663 nm的红光部分和430～460 nm的蓝紫光部分，而在550 nm处吸收很弱。作物缺素时，叶片颜色、纹理特征均会变化，发掘不同缺素情况对应的颜色和纹理的统计特征及相关特性是营养监测的关键。与生长参数监测类似，特征波段、植被指数和预测模型的选择依旧是研究的主要内容。植被辐射传输机理模型可描述光在作物叶片和冠层吸收、反射的物理过程，模型以作物生理信息为输入参数，输出模拟的冠层光谱信息。通过查找表法、数值优化法、人工神经网络等方法，可以反演作物的生长信息。高精度植被辐射传输机理模型被越来越多的研究者所使用。

3. 作物产量

提高农作物产量是农业活动的主要目标，准确估测产量对农业生产和管理决策部门均有重要意义。众多研究者通过多因素分析试图建立更高预测精度的估产模型。如许童羽从监测时间频率入手，利用二元定距变量方法对单天、各旬、各月冠层NDVI与产量进行相关性分析；相关性最优的五个时间范围内的数据，用线性回归、二次、三次曲线分别与产量建模，比较独立建模与组合建模的结果，得到了预测最优水稻产量的模型是6月中旬和8月上旬的组合模型，其R_2=0.771，相对误差=4.06%，RMSE=0.474 $t \cdot hm^{-2}$，对应的北方粳稻生育期为分蘖盛期和抽穗期。赵晓庆等研究则着眼于监测的采样范围，基于不同空间尺度提取的高光谱数据，采用偏最小二乘回归构建植被指数与产量模型，通过模型方程估算精度的曲线变化趋势，分析最优空间尺度面积及采样小区的长宽比，最终确定采样空间长宽与种植小区长宽比例介于4.25：5和4.5：5时，估算模型最为准确（r=0.8117）。

7.2.3　作物生长胁迫因子

1. 农田墒情

农田墒情常通过热红外法进行监测。植被高度覆盖区，因叶片气孔的关闭可降低因蒸腾造成的水分损失，使地表潜热通量降低，地表感热通量增加，进而引起冠层温度升高（地表温度可认为是植物冠层温度）。因为反映作物能量平衡的作物水分胁迫指数可量化作物含水量与冠层温度的关系，所以通过热红外传感器获取的冠层温度即可反映农田水分状况。裸土或植被覆盖度小的地区，可以用下垫面温度间接反映土壤水分，其原理是水的比热大，受热温度变化慢，因此白天下垫面温度的空间分布可间接反映土壤水分的分布。在对冠层温度的监测中，裸露的土壤是重要的干扰因素。有研究者对裸土温度与作物地表覆盖度的关系进行了研究，明确由裸土导致的冠层温度测量值与真值间的差距，修正结果可用于农田水分的监测，提高了监测结果的精度。在实际农田生产管理中，田间水分渗漏情况也是被关注的重点，已有研究利用红外成像仪监测灌溉渠道水分渗漏，精度可达93%。

2. 病虫害

可利用近红外光谱反射率监测植物病虫害，其依据是：叶片在近红外区的反射受海绵组织和栅栏组织控制，健康植物的这两种组织间隙充满水分而膨胀，是各种辐射良好的反射体；当植物受害，叶片遭到破坏，组织萎蔫，水分随之减少，红外反射减少直到丧失。

热红外监测的温度也是反映作物病虫害的重要指标。植株在健康条件下，主要通过控制叶片气孔开闭进行蒸腾作用，维持自身温度的稳定；在遭受病害后，会发生病理变化，病原物对植物产生的影响，特别是对蒸腾有关方面的影响会决定侵染部分温度的升降。一般而言，植物受感会导致气孔的开张调节失调，因而病变区域的蒸腾作用高于健康区域，旺盛的蒸腾作用会导致感染区域温度的下降，叶面温差较正常叶片高，直到叶片表面出现坏死斑点。坏死部位的细胞完全死亡，该部分的蒸腾作用完全丧失，温度开始升高，再由于叶片其他部分开始感染，所以叶面温差始终高于健康植株。

美国农业部使用机载MS4100多光谱相机获取棉花影像，采用多元线性回归和统计学方法分析、处理生成处方图，暗紫色和蓝色区域棉花长势良好，粉红色和红色区域棉花生病或者死亡。如图7-6所示，监测结果直观，可以快速投入应用辅助农业管理，如根据棉田病害处方图进行喷药管理。

(a) 农田正射影像

(b) 光谱反射特征

图7-6 成像光谱获取数据类型

3. 其他信息

在农田信息监测领域，无人机遥感数据还有更广泛的应用。例如，利用多项纹理特征提取玉米倒伏面积；利用NDVI指数反映棉花成熟期叶片老熟程度，生成的脱落酸施用处方图可有效指导棉花脱落酸的喷施，避免农药过度施用等。根据农田监测与管理的需求，不断挖掘无人机遥感数据信息，拓展其应用领域，是未来信息化、数字化农业发展的必然趋势。

7.2.4　存在问题与发展方向

目前，利用无人机监测农田信息还处于起步阶段，不仅在飞行平台的研发、应用和管理方面存在不少问题，而且在遥测数据的挖掘、处理和综合应用方面也具有极大的提升空间。无人机的一次性投入成本较高，飞行稳定性受气象条件、操控人员能力甚至飞行政策等因素的制约，真正投入生产实践的案例还比较少；针对大田作物生长的阶段性特点，现有的研究对于周期性的农田信息获取仍急须完善；多载荷无人机虽然已经投入使用，但获取的数据尚未充分实现多源数据的综合应用；由于获取遥感数据缺少快速的处理方法和管理技术指导平台，高精度、高阶数据的有效信息未能完全发掘。

1. 简单易用、低成本的无人机遥感平台

稳定的无人机平台与协调的传感器配置对于提高农田信息监测水平意义重大，但是目前无人机存在成本过高，稳定性较差，受大风、阴雨等恶劣天气的限制等问题；遥感平台操作复杂，且过度依赖于人工设置，制约了无人机遥感在农田监测管理中的广泛应用。目前的研究表明，无人机稳定性受到阵风的影响最大，在飞行控制中也均考虑风场扰动。滑模变结构控制和基于自抗干扰的飞行控制均取得了一定进展。商用无人机也通过改进自稳系统和航线规划算法简化了无人机的操作。目前，我国对于7 kg以下、飞行半径500 m以内、高度120 m以下的无人机未做明确规定，但飞行器的飞行空域依然要接受相关部门的监管。随着无人机的普及，相关政策也将逐步明确。

2. 作物生长情况的周期性动态监测

农田信息监测缺少周期性和连续性，是当前研究存在的普遍问题。由于作物生长情况处于动态变化中，每一个生长阶段的生长参数与遥感信息间的关系均不相同，单一或少数几个生育期的作物生长模型不具有普适性和代表性。不同生育期的适用模型不同，如大豆的鲜生物量的研究只能采取分段建模的方式。而且，对于同一生长参数，不同时期监测的准确性也存在较大差异。因此，对于作物生长状态的连续监测，探寻同一生长参数不同生育期的变化趋势并构建适用于多生育期的普适模型十分必要。

3. 多源数据的综合应用

单一来源的遥感数据难以全面反应农田信息。随着传感器的轻型化和无人机载重及续航时间的增加，已经实现多源数据同步监测农田信息。如何将不同遥感信息综合使用，提高监测精度，拓展监测范围是需要进一步思考的内容。目前，已有以激光雷达为核心，集成高分辨率相机、热成像仪、高光谱成像仪等传感器的Crop3D平台，实现株高、株幅、叶长、叶宽、叶倾角及叶面积等作物各生长时期多源表型数据的提取，实现高通量作物表型的测量，为基因组学和生物学分析提供数据支持。也有将高清数码影像与高光谱数据结合，提取株高和光谱参数，综合应用于生物量估算的案例。但多源数据综合应用的方法和范围还很局限，如何实现空间构型数据与成像光谱数据的融合以及无人机遥感数据与地面、卫星遥感数据的融合，仍是需要深入研究的问题。

4. 高精度、高阶数据实时处理与管理指导技术

相比于整个田块，农田中植被覆盖区的遥感信息与作物状态的相关性更高。基于植被指数的遥感处理方法，并未充分利用无人机遥感超高的空间分辨率。因此，利用无人机遥感高空间分辨率的优点，在田块内精细区分作物、垄间裸土，获取单纯植物覆盖区的遥感信息，对于提升作物模型的预测水平有实际意义。目前，虽然基于可见光或光谱数据即可实现物体识别与分类，但由于其受阴影等影响，实际应用中还存在不少问题。特别是作物生长前期由于地表覆盖度低，遥感数据易受土壤介质的影响，生长后期则易受阴影等因素干扰。因此，将物体的空间关系特征也应用于农田物体识别分类，将会有助于提高无人机遥感对作物的分辨能力，实现对农田区域更精准的分割。

如何处理无人机遥感获取的海量数据也是亟待解决的问题。无法实现即时的数据解译、指导农艺操作，无人机遥感将丧失实时性的优势。因此，无人机数据处理平台的开发尤为必要，进而生成相应的农业管理措施，更好地指导农业生产。

7.3 无人机授粉、施肥、播种

植保无人机不需要人为背负喷雾器进行喷洒，通过精准地测量和处理便能完成作业。一般来讲，植保无人机有两种控制方式，一种是人工遥控，还有一种是自动导航飞行，通过这两种方式可以实现一系列农田喷洒作业，如施肥、打药、播种、授粉等。相

较于传统的喷洒方式，植保无人机作业质量好、生产成本低、适应能力强，无论是在高效率的自动化管理方面，还是在各个环节的精准化管理方面，植保无人机都占据非常明显的技术优势。

7.3.1　无人机授粉

传统水稻制种靠人工用竹竿或绳子赶粉（图7–7）。通过人工牵绳授粉、人工辅助授粉，每个劳动力每天仅可授粉0.2~0.33 hm^2，而且花粉传播距离近，劳动强度大，速度慢，费用高。杂交水稻授粉花期短，现行劳动力短缺的现状已无法高质量完成此项工作。

图7–7　传统人工授粉作业

无人机辅助授粉（图7–8）每天的有效授粉时间约为30 min，授粉23次，可完成约4 hm^2的制种授粉作业。从授粉情况来看，1台无人机每天授粉3遍，能作业6.67 hm^2左右，是人工作业效率的数十倍，每公顷均节约成本12元/天。无人机辅助授粉，异交结实率可达45.1%，产量达2885 kg/hm^2。相比人工授粉，无人机辅助授粉能大大降低劳动强度，节约人工成本，并保证授粉的效率和质量。

7.3.2　无人机施肥

与常规人工追肥相比，无人机施肥（图7–9）具有三大优势：一是提高了施肥效率，

图7-8　无人机授粉作业

图7-9　无人机施肥

用无人机施肥，1个小工和1个机手每天可施肥6.67 hm^2以上，而人工施肥仅能完成1.33～1.67 hm^2，这大大缩短种粮大户整体施肥时间，能及时为返青秧苗提供所需的养分；二是提高了施肥精度，人工施肥因手感不同有多有少，作物生长后期容易青黄不匀；三是降低了秧苗伤害，保护了秧苗生长环境。另外，无人机施肥还能节省肥料，降低成本，与人工施肥相比，实现化肥减量10%～15%，而产量不降低。

7.3.3　无人机播种

传统的人力播种，每人每天（按8个小时计算）大概仅能种800粒种子，而且受制于地形影响，地面播种机械对于很多种植区域并不适用。人力播种费时费力，凸显了无人机播种（图7–10）的巨大优势。

1. 省时省力

在上文中我们提到传统的人力播种每人每天大概能种下800粒种子，而同样的工作量，无人机预计1个小时就能完成。无人机采用植保无人机精量播种方式，省去了传统水稻种植需要人工播种、秧苗管理、拔秧、插秧等烦琐而耗费人力的诸多环节。

2. 播种均匀

陕西省汉中市进行了一次无人机播种试验，与人工播种相比，无人机播种的均匀程度远远比人工播种要好，大大超过了当地农户对实验结果的预期，参加试验的农户均对无人机播种表示满意，而且几乎不需要后期的补种调整。

3. 节约成本

受制于地形影响，地面播种机械对于很多种植区域并不适用。使用大型机械插秧，其准备工作远远比无人机播种复杂，暂且不论播种前的准备，光光是一台大型机械设备就需要2~3人共同操作，平均播种费用也需要3.1元/公顷，一天只能完成8 hm^2；而无人机播种仅每小时就能完成5.33 hm^2的播种任务，一天可播种42.67 hm^2。

图7–10　无人机播种

7.4 无人机农林火情监控

我国是林业大国，这也导致我国火灾频发。每年的森林、草原火灾给国家造成了巨大的环境和经济损失。因此，火情初期的预警对于火灾的应对极为关键。

无人机系统可以长时间的对固定区域或者火情高位区域进行连续无盲区的监控，配置的红外热成像仪可以穿透无雾、盐雾发现高温的区域。例如，机载广电吊舱配置以图像识别技术为核心的火情自动预警系统，当发现火点或者可疑点时，系统会自动报警并将火点精确坐标以及火点温度、面积等信息传回至指挥中心，提供辅助决策信息。如图7–11所示的为农村火情监控预警系统。

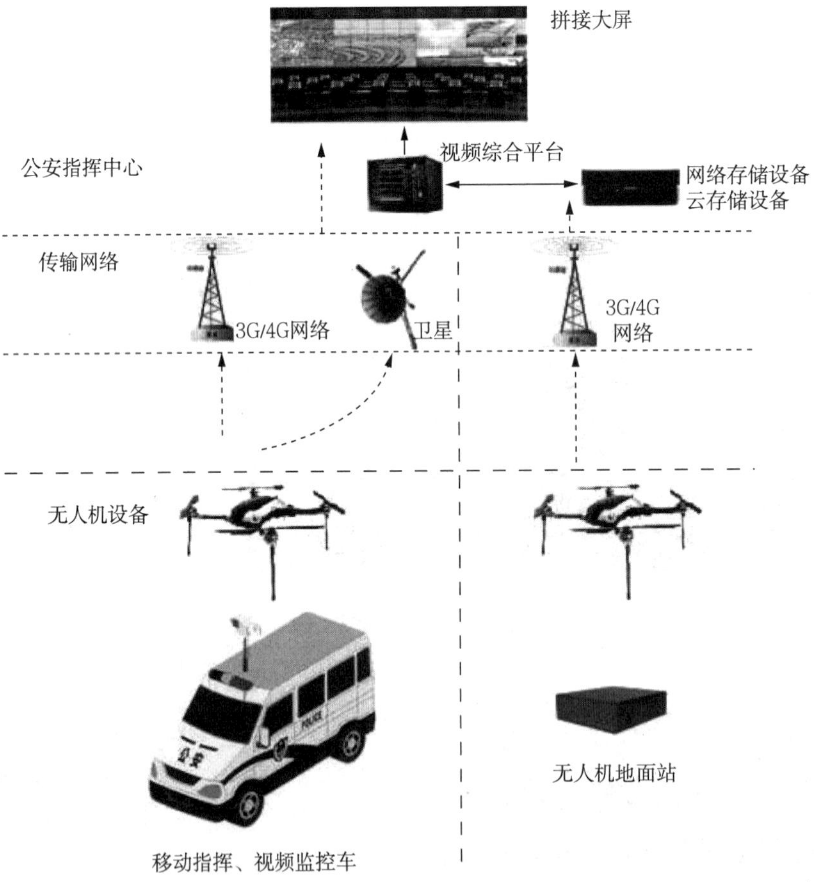

图7–11 农村火情监控预警系统

7.4.1　灾情侦查

当灾害发生时，使用无人机进行灾情侦查，一是可以无视地形和环境，做到机动灵活的侦查，特别是在一些急难险重的灾害现场，侦查小组无法开展侦查，无人机却能够迅速展开侦查。二是通过无人机侦查能够有效提升侦查的效率，第一时间查明灾害事故的关键因素，以便指挥员做出正确决策。三是能够有效规避人员伤亡，既能避免人进入有毒、易燃易爆等危险环境中，又能全面、细致掌握现场情况。四是集成侦检模块进行检测。例如，集成可燃气体探测仪和有毒气体探测仪，对易燃易爆、化学事故灾害现场的相关气体浓度进行远程检测，从而得到危险部位的关键信息；又如集成测温、测风速等设备，可对灾害现场环境进行细化了解。（图7–12）

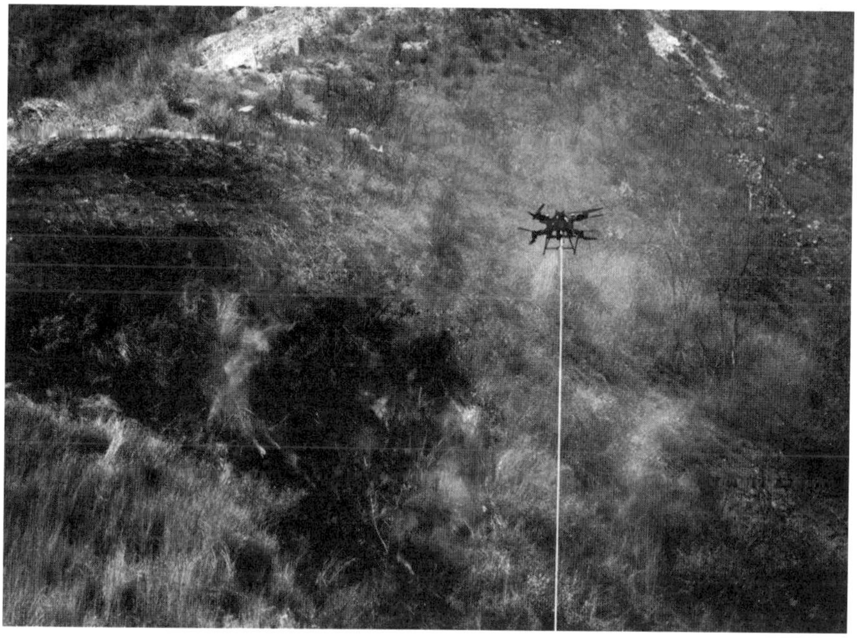

图7–12　无人机灾情侦察

7.4.2　监控追踪

无人机的作用不仅仅局限在灾情侦查，消防部队所面对的各类灾害事故现场的情况往往瞬息万变，在灾害事故的处置过程中，利用无人机进行实时监控追踪，能够提供精准的

灾情变化情况，便于各级指挥部及时掌握动态灾害情况，从而做出快速、准确的决策，最大限度地减少灾害损失。(图7—13)

图7-13　无人机监控追踪

7.4.3　辅助救援

利用无人机集成或者灵活携带关键器材装备，能够为多种情况下的救援提供帮助（图7—14)。一是集成语音、扩音模块传达指令。利用无人机实现空中呼喊或者转达指令，能够比地面喊话更有效，尤其适用于高空、高层等项目的救援。二是为救援开辟新的途径。例如，水上、山岳救援中，现有的抛投器使用环境和范围均有很大的局限性，并且精准度差，利用无人机辅助抛绳或是携带关键器材（如呼吸器、救援绳等），能够为救援创造新的途径，开辟新的救生通道，并且准确、高效。三是集成通信设备，利用无人机担当通信中继。例如，在地震、山岳等有通信阻断的环境下，利用无人机集成转信模块，充当临时转信台，从而在极端环境下建立起无线通信的链路。四是利用无人机进行应急测绘。利用无人机集成航拍测绘模块，将灾害事故现场的情况全部收录并传至现场指挥部，对灾害现场的地形等进行应急测绘，为救援的开展提供有力支撑。

图7-14　无人机辅助救援

7.4.4　辅助监督

利用航拍对高层及超高层建筑实现全面实时监测、火情隐患及时发现、消防现场火情实时控制、建筑消防检查、现场火情图像存储、空中监控视频接入、大容量长时间图像存储及检索调阅、智能终端远程查看及控制部分功能等。（图7—15）

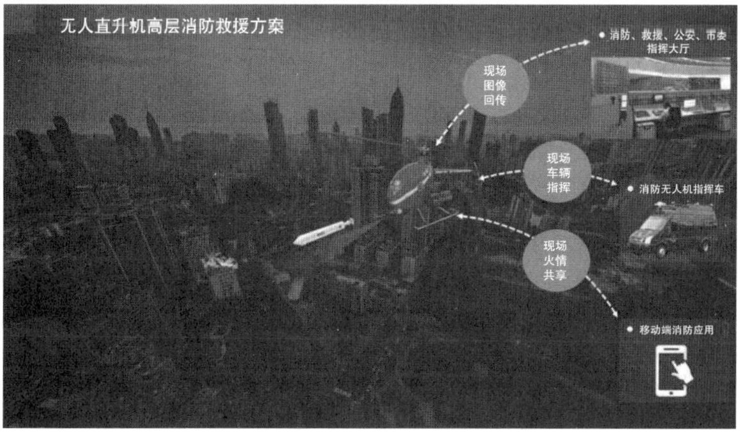

图7-15　无人机辅助监测

无人机作为一种新型的中低空实时电视成像和红外成像快速获取系统，对车、人无法到达地带的林业资源调查、生态环境监测、森林防火、森林病虫害防治等方面具有独特的优势。在森林消防方面，作为现有林业监测手段的有力补充，无人机除了能在发生森林火灾时快速定位火点、确定火情外，更能对林业火灾进行监测、预防。森林火灾的发生，因地理位置分散偏僻，发生之初通常很难发现，若能及时监测到林火的发生，将火灾扼杀在萌芽状态，抢占灭火先机，就能将产生的破坏和损失减少。利用航拍影像，也可以第一时间监测保护区野生动物情况。无人机森林防火作业流程如图7–16所示。

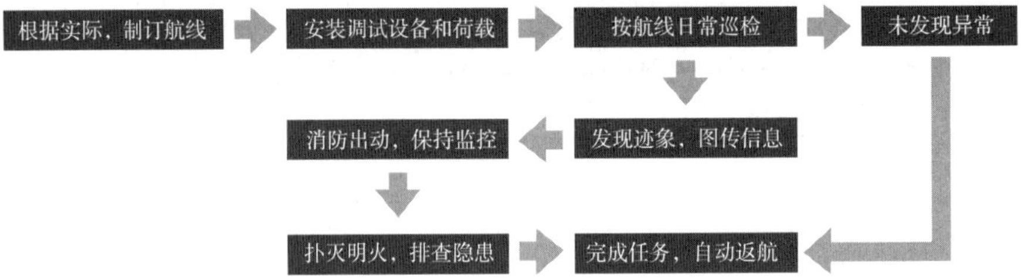

图7–16　无人机森林防火作业流程图

7.5　无人机农村规划与土地确权

7.5.1　无人机航测遥感技术

无人机航测遥感技术在传统遥感技术的基础上进行了优化和升级，目前已经在各个领域广泛应用，如植被变化监测（图7–17）、地质灾害隐患点监测（图7–18）。无人机航测遥感技术具有反应能力快、操作简单、安全性能高等优势，以下就上述三点优势进行具体分析。

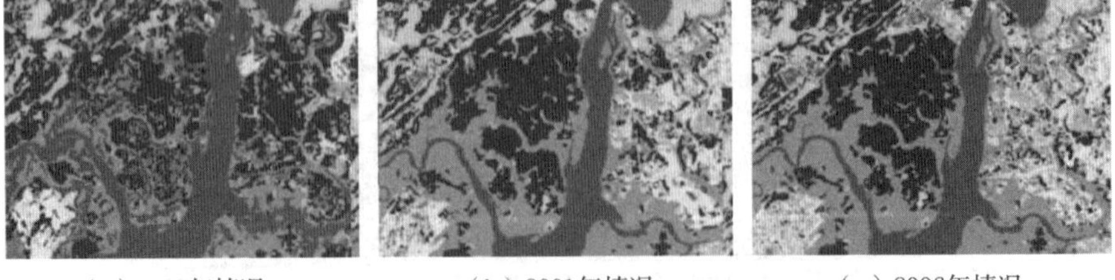

（a）1992年情况　（b）2001年情况　（c）2006年情况

图7–17　植被变化监测

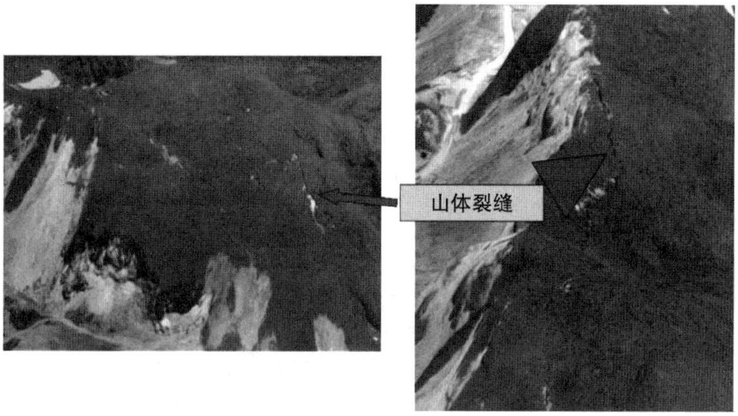

图7-18　地质灾害隐患点监测

1. 具有较快的反应能力

无人机自身的体积较小，运行速度快，反应能力强，能够很好地解决人工勘察中部分地区无法达到，且无人机对起降场地要求不高。无人机设备本身就自带了很多高科技，在航测过程中所拍摄的土地区域的图像、提供的数据也比传统的航测遥感技术更加清晰、准确。

2. 操作简单

不同于传统的航测遥感技术，无人机航测技术的操作方法简单，且数据处理快速准确。在实际航测过程中技术人员只需要将无人机与计算机进行连接，就可以直接通过电脑操作来操控无人机的行径路程，极大地降低了技术人员的工作任务量，提高了勘察效率。

3. 安全性能高

无人机航测技术无须工作人员亲自进行勘察测量，极大地提高了工作人员的人身安全。

7.5.2　无人机航测遥感技术在土地确权工作中的有效应用

1. 无人机航测农村土地确权工作

在农村土地确权工作开展过程中应用无人机航测遥感技术进行土地测量等工作时，主要涉及外业问题及内业问题，下面做出具体分析。

无人机航测遥感技术在处理外业问题时，首先需要相关技术人员对所需要测绘的土地区域进行现场调查，掌握该土地区域的实际地质条件和相关要素，从而对航拍时间、航拍高度等方面做出有效规划和设计，选择合适的无人机设备进行航测。技术人员需要注意航拍时间，这不仅能不打扰当地居民的正常休息，还要能够让在所选时间内拍摄出的图像极大地接近土地区域的真实情况。另外，技术人员不仅需要做好航拍工作前的航线布设工作，还需要做好航拍工作后的审查纠正工作，确保无人机航拍所得图像无误（图7–19）。

图7–19　无人机开展土地测量与确权

处理内业问题，主要包括制作正射影像、制作工作底图、解译航拍图像三大方面。

（1）制作正射影像。在无人机航拍获得图像后，技术人员需要对图像做进一步分析，借助相关技术方法制作正射影像。

（2）制作工作底图。待正射影像制作完成后需要进一步制作工作底图，工作底图中不仅需要含有各村级、乡级、县级等相关要素，还需要含有以正射影像为基础展开的地块划分。

（3）解译航拍图像。在使用无人机航测遥感技术生成相关图像后，为了能够更加清晰地了解该土地区域的各项情况，需要技术人员对航拍图像进行解译，主要通过借助不同的颜色、条纹、图形等对航拍图像进行有效划分和标注。例如，图像中部分区域纹理清晰、颜色鲜明，则表示该区域为农作物种植区域。这样一来能够最大程度提高土地确权的准确性，促使工作人员能够进一步开展土地确权工作，确保土地信息具有完整性、真实性、科学性。

2. 无人机航测农村规划与土地确权

无人机航空摄影可对农村集体土地范围内的土地进行数据采集、影像拍摄，获取高精度的地表三维数据，并通过协同作业的侧视图像进行快速建模，绘制比例尺较大的地形图，协助农村集体土地所有权确权登记发证工作顺利进行（图7-20）。

（a）农田整治规划图　　（b）小城镇规划图

图7-20　农田整治、小城镇规划

7.5.3　无人机农村土地确权操作步骤

测绘无人机进行低空航拍测量，进行农村土地确权详细的操作步骤是怎样的？在航拍测量中有哪些注意事项？下面就详细介绍一下测绘无人机在农村土地确权当中的详细操作步骤。

1. 判断天气条件

天气的好坏直接影响到航拍测量的效果，所以在航拍之前一定要掌握当日天气状况，并观察云层厚度、光照情况和能见度。

2. 测定现场风速

到达航拍测量的现场之后，首先要测定风速。了解测绘无人机是否能够承受当时的风速，能否适应当时的温度。

3. 架设弹射架

弹射架一般逆风架设，主要是为了保证飞机起飞平稳。采用一体弹射架的无人机，对场地要求小，对地形适应性强，相较于其他产品的弹射绳设计更符合方便快捷的理念，同时最大限度地保证了操作人员的安全性。

4. 架设电台

电台用于地面站和无人机之间的通信。现阶段大多数测绘无人机都使用电台进行无人机与地面站的数据交换。

5. 记录当天作业日志

记录当天风速、天气、起降坐标等信息，留备日后参考和分析总结。

6. 姿态角度调整

对于距离上一次起飞地点超过 200 km 的起飞地点，需对飞机的姿态、角度进行调整，以确保飞机准确通信。无人机机体内都配备有电子罗盘、磁校准等设备来确保飞机在飞行过程中的自我姿态控制，由于各地地磁情况不同，自带的校准系统可以用来应对各种不同地磁情况对无人机的干扰以及安全隐患。

7. 无人机放至弹射架

安装时须检查无人机各部件是否连接紧密，弹射架供电接线是否正确连接，电力是否充足。

8. 手动遥控测试

将飞行模式调至手动遥控飞行状态，测试机头、机身、尾翼是否能按指令操作。手动遥控模式主要用于无人机起飞和降落时遇特殊情况的应急处理。

9. 起飞前准备

起飞前要检查航拍相机与飞控系统是否连接，降落伞包是否处于待命状态，机器是否与风向平行，有无人员、车辆走动等。

10. 无人机起飞

各项准备工作完毕后，就可以起飞了。这时，操作人员应持手动操作杆待命，观察现场状况，根据需要随时手动调整飞机姿态及飞行高度。

11. 飞行监测

这个过程主要做三个工作：①对航高、航速、飞行轨迹的监测；②对发动机转速和空速、地速进行监控；③随时检查照片拍摄数量。

12. 无人机降落

无人机按设定路线飞行航拍完毕后，降落在指定地点。手动遥控操作人员到指定地点待命，如果在降落现场出现突发大风、人员走动等情况时及时调整降落地点。

13. 数据导出检查

降落后，对照片数据及飞机整体进行检查评估，结合贴线率和姿态角判断是否需要复飞，继续完成附近区域的航拍任务或转场，理论上一个起降点的飞行控制范围为300 km^2。

在我国，无人机遥感技术多次应用于农村土地确权工作，技术已经成熟，不仅成果精度远优于传统测量方式，而且工作耗时大大缩短，减轻了农村基层管理人员的工作量，节约了人力、物力，在农村土地确权工作中值得推广。测绘无人机正以其高机动性、高性价比以及高安全性服务于经济社会发展的各个环节。

7.6　无人机农田水利及电力巡检

无人机输电巡线系统是一个集航空、输电、电力、气象、遥测遥感、通信、地理信息（GIS）、图像识别、信息处理为一体的复杂系统，涉及飞行控制技术、机体稳定控制技术、数据链通信技术、现代导航技术、机载遥测遥感技术、快速对焦摄像技术以及故障诊断等多个高尖技术领域。现代无人机具备高空、远距离、快速、自行作业的能力，可以穿越高山、河流对输电线路进行快速巡检，可以对架空线的铁塔、支架、导线、绝缘子、防震锤、耐张线夹、悬垂线夹等进行全光谱的快速摄像和故障监测。

7.6.1　无人机农田水利及电力巡检原理

装配有高清数码摄像机和照相机以及GPS定位系统的多旋翼无人机，可沿线路进行自主巡航普查，对塔架、绝缘子等可进行悬停详查，实时传送拍摄影像，监控人员可在电脑上同步收看与操作。而在山洪暴发、地震灾害等紧急情况下，多旋翼无人机可以对线路存在的潜在危险，诸如塔基陷落等问题进行勘测与紧急排查，丝毫不受路面状况的影响。既免去攀爬杆塔之苦，又能勘测到人眼的死角，对于迅速恢复供电很有帮助。

无人机在自动飞行模式下在待巡查的石油管道上空沿线飞行，用内置高清摄像机指向待巡查的石油管道，采集管道详情影像，并通过无线通信设备远距离实时回传至地面站。借助现在5G网络传输功能，还可将无人机视频影像实时传输至石油企业在全球任何地点的手机终端或指挥中心。夜间可以为无人机配置红外热像仪实现线路巡检。

7.6.2 无人机农田水利及电力巡检优势

无人机自身具有携带方便、操作简单、反应迅速、载荷丰富、任务用途广泛、起飞降落对环境的要求低、可自主飞行等优势。将无人机应用到电力巡线方面可大大提高电力维护和检修的速度和效率，使许多工作能在完全带电的环境下迅速完成，确保了用电安全；采用无人机进行常规输电线路巡查，可降低劳动强度，与有人直升机巡线相比，可提高巡线作业人员的安全，并且降低了成本；无人机巡线速度快、应急迅速，能及时发现缺陷、提供信息，避免了线路事故停电，挽回了停电造成的高额损失。

通过旋翼和固定翼无人机联合线路巡检，既可实现对输电线路走廊的大范围快速普查，又可高效获取高清晰度线路设备照片，清晰分辨出常见输电线路的缺陷，大大增强输电线路巡检效率，为现代化输电线路维护工作提供了一种先进的、有实用价值的技术手段。例如，利用无人机搭载可见光拍摄红外、紫外检测等任务，机载设备对输电线路进行飞行巡检，并实时将现场情况回传至地面监控系统，以便做出正确判断及时排除线路故障，还可围绕目标进行360°全方位拍摄，做到零死角。

随着我国经济的快速发展，社会对电力能源有着巨大需求。我国目前已形成华北、东北、华东、华中、西北和南方电业共6个跨省区电网，为满足社会需求，国家电网正在进行超高压大容量电力线路扩建，线路将穿越各种复杂地形，如何提高电力线路检测的精度和效率，是困扰电力行业的重大难题。

根据高压输电线路的运行管理模式和常规作业方式，得知传统巡线方式面临的困难有：劳动强度大，工作条件艰苦，而且劳动效率低；遇到电网紧急故障和异常气候条件，线路维护人员不具备有利的交通优势，只能利用普通仪器或肉眼来巡查设施。传统巡线方式已经不能完全适应现代化电网建设与发展的需求。超高压电网、特高压电网急需先进、科学、高效的电力巡线方式。

1. 无人机巡线优势

（1）故障巡线。快速、精确地查找到电网及其设备的故障点。

（2）常规巡线。代替人工常规巡线，提高巡线效率，降低巡线成本，降低巡线人员劳动强度。

（3）年度巡线。代替载人机执行年度计划的航空巡线，其作业项目主要有：可见光录像、远距离摄影、红外热成像、绝缘子监测等。

2. 发展前景

无人机应用于电力输电线路巡检（图7–21），不受地形、地貌限制，尤其适用于险峻山区、多河流地貌的巡线工作。机载高清摄像设备可对输电线路的故障进行实时在线定位和监控；地面控制人员可根据地面站回传实况及时发现排除线路缺陷及重大隐患，杆塔巡查效率得以大大提高，节省了大量人力、物力，提高了巡检人员工作安全系数。采用无人机系统获得的收益不仅仅在个人及企业层面上得到体现，也极大地提升了国网自动化电力系统的集成度，能有效促进相关项目的建设进度。

图7–21　无人机电力输电线路巡检

附录　无人机相关规定

1.1　无人机交通管理规定

2016年，中国民用航空局空管行业管理办公室发布《民用无人驾驶航空器系统空中交通管理办法》（MD–TM–2016–004）（以下简称《管理办法》），2009年发布的《民用无人机空中交通管理办法》同时废止。该管理办法规定，民用无人驾驶航空器在隔离空域内飞行，由组织单位和个人负责实施，并对其安全负责。多个主体同时在同一空域范围内开展民用无人驾驶航空器飞行活动的，应当明确一个活动组织者，并对隔离空域内民用无人驾驶航空器飞行活动安全负责。其使用的民用无人驾驶航空器系统应当为遥控驾驶航空器系统，而非自主无人驾驶航空器系统。

1.1.1　总则

（1）为了加强对民用无人驾驶航空器飞行活动的管理，规范其空中交通管理工作，依据《中华人民共和国民用航空法》《中华人民共和国飞行基本规则》《通用航空飞行管制条例》和《中国民用航空空中交通管理规则》，制定该《管理办法》。

（2）《管理办法》适用于依法在航路航线、进近（终端）和机场管制地带等民用航空使用空域范围内或者对以上空域内运行存在影响的民用无人驾驶航空器系统活动的空中交通管理工作。

（3）民航局指导监督全国民用无人驾驶航空器系统空中交通管理工作，地区管理局负责本辖区内民用无人驾驶航空器系统空中交通服务的监督和管理工作。空管单位向其管制空域内的民用无人驾驶航空器系统提供空中交通服务。

（4）民用无人驾驶航空器仅允许在隔离空域内飞行。民用无人驾驶航空器在隔离空域内飞行，由组织单位和个人负责实施，并对其安全负责。多个主体同时在同一空域范围内开展民用无人驾驶航空器飞行活动的，应当明确一个活动组织者，并对隔离空域内民用无人驾驶航空器飞行活动安全负责。

1.1.2 评估管理

（1）《管理办法》规定的民用航空使用空域范围内开展民用无人驾驶航空器系统飞行活动，除满足以下全部条件的情况外，应通过地区管理局评审：机场净空保护区以外；民用无人驾驶航空器最大起飞重量小于或等于7 kg；在视距内飞行，且天气条件不影响持续可见无人驾驶航空器；在昼间飞行；飞行速度不大于120 km/h；民用无人驾驶航空器符合适航管理相关要求；驾驶员符合相关资质要求；在进行飞行前驾驶员完成对民用无人驾驶航空器系统的检查；不得对飞行活动以外的其他方面造成影响，包括地面人员、设施、环境安全和社会治安等；运营人应确保其飞行活动持续符合以上条件。

（2）民用无人驾驶航空器系统飞行活动需要评审时，由运营人会同空管单位提出使用空域，对空域内的运行安全进行评估并形成评估报告。地区管理局对评估报告进行审查或评审，出具结论意见。

（3）民用无人驾驶航空器在空域内运行应当符合国家和民航有关规定，经评估满足空域运行安全的要求。评估应当至少包括以下内容：民用无人驾驶航空器系统情况，包括民用无人驾驶航空器系统基本情况、国籍登记、适航证件（特殊适航证、标准适航证和特许飞行证等）、无线电台及使用频率情况；驾驶员、观测员的基本信息和执照情况；民用无人驾驶航空器系统运营人基本信息；民用无人驾驶航空器的飞行性能，包括飞行速度、典型和最大爬升率、典型和最大下降率、典型和最大转弯率、其他有关性能数据（例如风、结冰、降水限制）、航空器最大续航能力、起飞和着陆要求；民用无人驾驶航空器系统活动计划，包括飞行活动类型或目的、飞行规则（目视或仪表飞行）、操控方式（视距内或超视距，无线电视距内或超无线电视距等）、预定的飞行日期、起飞地点、降落地点、巡航速度、巡航高度、飞行路线和空域、飞行时间和次数；空管保障措施，包括使用空域范围和时间、管制程序、间隔要求、协调通报程序、应急预案等；民用无人驾驶航空器系统的通信、导航和监视设备和能力，包括民用无人驾驶航空器系统驾驶员与空管单位通信的设备和性能、民用无人驾驶航空器系统的指挥与控制链路及其性能参数和覆盖范围、驾驶员和观测员之间的通信设备和性能、民用无人驾驶航空器系统导航和监视设备及性能；民用无人驾驶航空器系统的感知与避让能力；民用无人驾驶航空器系统故障时的紧急程序，特别是：与空管单位的通信故障、指挥与控制链路故障、驾驶员与观测员之间的通信故障等情况；遥控站的数量和位置以及遥控站之间的移交程序；其他有关任务、噪声、安保、业载、保险等方面的情况；其他风险管控措施。

（4）按照《管理办法》需要进行评估的飞行活动，其使用的民用无人驾驶航空器系统应当为遥控驾驶航空器系统，而非自主无人驾驶航空器系统。并且能够按要求设置电子围栏。

（5）地区管理局应当组织相关部门对评估报告进行审查，对于复杂问题可以组织专家进行评审和现场演示，并将审查或评审结论反馈给运营人和有关空管单位。

1.1.3 空中交通服务

民用无人驾驶航空器飞行应当为其单独划设隔离空域，明确水平范围、垂直范围和使用时段。可在民航使用空域内临时为民用无人驾驶航空器划设隔离空域。飞行密集区、人口稠密区、重点地区、繁忙机场周边空域，原则上不划设民用无人驾驶航空器飞行空域。

隔离空域由空管单位会同运营人划设。划设隔离空域应综合考虑民用无人驾驶航空器通信导航监视能力、航空器性能、应急程序等因素，并符合下列要求：（1）隔离空域边界原则上距其他航空器使用空域边界的水平距离不小于10千米；（2）隔离空域上下限距其他航空器使用空域垂直距离8400米（含）以下不得小于600米，8400米以上不得小于1200米。

民用无人驾驶航空器在隔离空域内运行时，应当符合下列要求：民用无人驾驶航空器应当遵守规定的程序和安全要求；民用无人驾驶航空器确保在所分配的隔离空域内飞行，并与水平边界保持5 km以上距离；防止民用无人驾驶航空器无意间从隔离空域脱离。

为了防止民用无人驾驶航空器和其他航空器活动相互穿越隔离空域边界，提高民用无人驾驶航空器运行的安全性，需要采取下列安全措施：驾驶员应当持续监视民用无人驾驶航空器飞行；当驾驶员发现民用无人驾驶航空器脱离隔离空域时，应向相关空管单位通报；空管单位发现民用无人驾驶航空器脱离隔离空域时，应当防止与其他航空器发生冲突，通知运营人采取相关措施，并向相关管制单位通报。空管单位应当同时向民用无人驾驶航空器和隔离空域附近运行的其他航空器提供服务；在空管单位和民用无人驾驶航空器系统驾驶员之间应建立可靠的通信；空管单位应为民用无人驾驶航空器指挥与控制链路失效、民用无人驾驶航空器避让侵入的航空器等紧急事项设置相应的应急工作程序。

针对民用无人驾驶航空器违规飞行影响日常运行的情况，空管单位应与机场、军航管制单位等建立通报协调关系，制定信息通报、评估处置和运行恢复的方案，保证安全，降低影响。

1.1.4　无线电管理

民用无人驾驶航空器系统活动中使用无线电频率、无线电设备应当遵守国家无线电管理法规和规定，且不得对航空无线电频率造成有害干扰。

未经批准，不得在民用无人驾驶航空器上发射语音广播通信信号。

使用民用无人驾驶航空器系统应当遵守国家有关部门发布的无线电管制命令。

1.1.5　附则

民用无人驾驶航空器系统飞行活动涉及多项评估或审批的，地区管理局应当统筹安排。

本《管理办法》自下发之日起开始施行，原《民用无人机空中交通管理办法》（MD-TM-2009-002）同时废止。

本《管理办法》使用的术语定义如下：

民用无人驾驶航空器：没有机载驾驶员操作的民用航空器。民用无人驾驶航空器系统：指民用无人驾驶航空器及与其安全运行有关的组件，主要包括遥控站、数据链路等。遥控驾驶航空器系统：由遥控驾驶航空器、相关的遥控站、所需的指挥与控制链路以及批准的型号设计规定的任何其他部件构成的系统。遥控驾驶航空器：由遥控站操纵的无人驾驶航空器。遥控驾驶航空器是无人驾驶航空器的亚类。遥控站：遥控驾驶航空器系统的组成部分，包括用于操纵遥控驾驶航空器的设备。指挥与控制链路：遥控驾驶航空器和遥控站之间为飞行管理目的建立的数据链接。自主无人驾驶航空器系统：不允许驾驶员介入飞行管理的无人驾驶航空器。电子围栏：是指为防止民用无人驾驶航空器飞入或者飞出特定区域，在相应电子地理范围中画出其区域边界，并配合飞行控制系统，保障区域安全的软硬件系统。感知与避让：观察、发现、探测交通冲突或其他危险，并采取适当行动的能力。运营人：是指从事或拟从事航空器运营的个人、组织或者企业。驾驶员：由运营人指派对遥控驾驶航空器的运行负有必不可少职责并在飞行期间适时操纵无人驾驶航空器的人。观测员：由运营人指定的训练有素的人员，通过目视观测遥控驾驶航空器协助驾驶员安全实施飞行。隔离空域：专门分配给无人驾驶航空器系统运行的空域，通过限制其他航空器的进入以规避碰撞风险。非隔离空域：无人驾驶航空器系统与其他有人驾驶航空器同时运行的空域。目视视距内：驾驶员或观测员与无人驾驶航空器保持直接目视视觉接触的运行方式。直接目视视觉接触的范围为：真高120 m以下；距离不超过驾驶员或观测员视线范围或最大500 m半径的范围，两者中取较小值。超目视视距：无人驾驶航空器在目视视距以外的运行方式。无线电视距内：是指发射机和接收机在彼此的无线电覆盖范围之内能够直接进行通信，或者通过地面网络使远程发射机和接收机在无线电视距内，并且能在相应时间范围内完成通信传输的情况。超无线电视距：是指发射机和接收机不在无线电视距之内的情况。因此所有卫星系统都是超无线电视距的，遥控站通过地面网络不能在相应时间范围与至少一个地面站完成通信传输的系统也都是超无线电视距的。机场净空区：也称机场净空保护区域，是指为保护航空器起飞、飞行和降落安全，根据民用机场净空障碍物限制图要求划定的空间范围。人口稠密区：是指城镇、村庄、繁忙道路或大型露天集会场所等区域。重点地区：是指军事重地、核电站和行政中心等关乎国家安全的区域及周边，或地方政府临时划设的区域。

1.2 无人机驾驶员管理规定

随着无人机的蓬勃发展，民航局对无人机领域的监管力度也不断加强，为进一步规范无人机驾驶员管理，在总结前期授权符合资质的行业协会对部分无人机驾驶员证照实施管理的创新监管模式经验的基础上，中国民用航空飞行标准司对原《民用无人机驾驶员管理规定》（AC–61–FS–2016–20R1）进行了第二次修订。修订版《民用无人机驾驶员管理规定》（AC–61–FS–2018–20R2）自2018年8月31日起生效[2016年7月11日发布的《民用无人机驾驶员管理规定》（AC–61–FS–2016–20R1）同时废止]，修订的主要内容包括调整监管模式，完善由民航局全面直接负责执照颁发的相关配套制度和标准，细化执照和等级颁发要求和程序。

《民用无人机驾驶员管理规定》（AC–61–FS–2018–20R2）对无人机系统驾驶员提出了相应的分类管理要求。无人机系统驾驶员是指对无人机的运行负有必不可少职责并在飞行期间适时操纵无人机的人。无人机系统的机长是指由运营人指派在系统运行时间内负责整个无人机系统运行和安全的驾驶员。授权教员是指持有按该规定颁发的具有教员等级的无人机驾驶员执照，并依据该教员等级上规定的权利和限制执行教学的人员。此外还定义了运营人，即从事或拟从事航空器运营的个人、组织或企业；以及无人机观测员，即由运营人指定的训练有素的人员，通过目视观测无人机，协助无人机驾驶员安全实施飞行，通常由运营人管理，无证照要求。下面结合《民用无人机驾驶员管理规定》(AC–61–FS–2018–20R2)、《轻小无人机运行规定（试行）》(AC–91–FS–2015–31）和《民航公安行政处罚裁量基准》(MD–SB–2018–001）进行叙述。

1.2.1　驾驶员自行负责情况

《民用无人机驾驶员管理规定》要求无人机系统驾驶员自行负责、无须执照管理的情况如下：

（1）在室内运行的无人机。

（2）Ⅰ、Ⅱ类无人机（如运行需要，驾驶员可在无人机云交换系统进行备案。备案内容应包括驾驶员真实身份信息、所使用的无人机型号，并通过在线法规测试）。

（3）在人烟稀少、空旷的非人口稠密区进行试验的无人机。

表　无人机分类规定

分类	《民用无人机驾驶员管理规定》分类	
	空机重量/kg	起飞全重/kg
Ⅰ	$0<W\leqslant1.5$	
Ⅱ	$1.5<W\leqslant4$	$1.5<W\leqslant7$
Ⅲ	$4<W\leqslant15$	$7<W\leqslant25$
Ⅳ	$15<W\leqslant116$	$25<W\leqslant150$
Ⅴ	植保类无人机	
Ⅵ	无人飞艇	
Ⅶ	超视距运行的I、I类无人机	
Ⅸ	$116<W\leqslant5700$	$150<W\leqslant5700$
Ⅹ	$W>5700$	

1.2.2 执照实施管理情况

《民用无人机驾驶员管理规定》要求在隔离空域和融合空域运行的除Ⅰ、Ⅱ类以外的无人机，无人机系统驾驶员执照由民航局实施管理。具体管理办法如下：

（1）操纵视距内运行无人机的驾驶员，应当持有按该规定颁发的具备相应类别、分类等级的视距内等级驾驶员执照，并且在行使相应权利时随身携带该执照。

（2）操纵超视距运行无人机的驾驶员，应当持有按该规定颁发的具备相应类别、分类等级的有效超视距等级的驾驶员执照，并且在行使相应权利时随身携带该执照。

（3）教员等级，按该规定颁发的相应类别、分类等级的具备教员等级的驾驶员执照持有人，行使教员权利应当随身携带该执照。未具备教员等级的驾驶员执照持有人不得从事向准备获取单飞资格的人员提供训练、签字推荐申请人获取驾驶员执照或增加等级所必需的实践考试、签字推荐申请人参加理论考试或实践考试未通过后的补考、签署申请人的飞行经历记录本、在飞行经历记录本上签字及授予申请人单飞权利等活动。

（4）植保类无人机分类等级，担任操纵植保无人机系统并负责无人机系统运行和安全的驾驶员，应当持有按该规定颁发的具备Ⅴ分类等级的驾驶员执照，或经农业农村部等部门规定的由符合资质要求的植保无人机生产企业自主负责的植保无人机操作人员培训考核。

民航局应为符合相应资格、航空知识、飞行技能和飞行经历要求的申请人颁发无人机驾驶员执照与等级。对于完成训练并考试合格，符合该规定颁发民用无人机驾驶员执照和等级条件的人员，在其驾驶员执照上签注驾驶员等级（视距内等级、超视距等级、教员等级）、类别等级（固定翼、直升机多旋翼、垂直起降固定翼等）、分类等级、型别和职位等信息。按该规定颁发的驾驶员执照有效期限为两年，且仅当执照持有人满足该规定和有关中国民用航空运行规章的相应训练与检查要求、并符合飞行安全记录要求时，方可行使其执照所赋予的相应权利。执照持有人应在执照有效期期满前三个月内向民航局申请重新颁发执照。

1.2.3 违规飞行无人机的处罚

《民航公安行政处罚裁量基准》对违规飞行无人机的行为设定了相应的处罚基准，具体如下：

（1）以下情形处5日以上10日以下拘留，可以并处500元以下罚款：①在民用机场范围内和机场净空保护区域内，违规飞行无人机的；②在警卫活动现场进行违规飞行的；③出现坠地事故，造成人员伤害、财产损失. 扰乱单位秩序或者公共场所秩序的。

（2）以下情形处10日以上15日以下拘留，并处500元以上1000元以下罚款：①未按《民用无人机驾驶员管理规定》取得资质，从事无人机飞行活动的；②大型活动期间，在民用机场范围内和机场净空保护区域内，违规飞行无人机的。

（3）有涉嫌犯罪的情形，及时立案侦查：①非法飞行无人机，可能危及飞行安全的；②在国家机关工作人员、人民警察依法执行职务，开展无人机管理活动中，采用暴力、胁迫方法妨碍其依法执行职务的。

参考文献

[1] 何勇. 农用无人机技术及其应用 [M]. 北京：科学出版社. 2018.

[2] 于洋，冯志农. 无人机概论 [M]. 北京:. 中国地质大学出版社. 2018.

[3] 许文博，魏冲，陈莉. 植保绿色防控与无人机应用技术 [M]. 北京：中国农业科学技术出版社. 2020.

[4] 金濯. 植保无人机应用技术 [M]. 北京：中国农业出版社. 2019.

[5] 姚垣亦. 农业植保无人机对现代农业发展的作用 [J]. 新农业，2021 (13)：61－62.

[6] 张素芬. 植保无人机防治农作物病虫害技术 [J]. 农业开发与装备，2021 (06)：139－140.

[7] 张思峰. 无人机技术在现代农业中的应用 [J]. 农业工程技术，2020，40 (36)：51－52.

[8] 王玉娟. 无人机在现代精准化农业和智慧灌溉中的应用 [J]. 电子世界，2021 (12)：13－14.

[9] 徐剑锋. 无人机技术在植保中的应用价值——评《农用无人机技术及其应用》[J]. 热带作物学报，2020 (09)：1964.

[10] 王晓凤，胡文祥. 植保无人机在现代农业发展中的应用 [J]. 农业工程技术，2020，40 (21)：29－30.